我的大話人生

「大話新聞」停播始末 & 我所認識的鄭弘儀

鍾年晃 著

大話新聞雖然結束了，
但散播出去的種子正在各地發芽，開枝散葉。
希望有朝一日，每個台灣人都可以不受意識形態拘束，
看清事物的本質，追求事情的真相，
不再為表象所迷惑、矇蔽，
到那個時候，人人都可以是大話。

第一篇　鄭弘儀請辭與媒體中國化

第二篇　我的大話人生

| 推薦序 |
一本富有勇氣、又很溫柔的書

蔡英文

「知識分子總是處於孤寂與結盟之間……，挖掘出遺忘的事情，連接起被切斷的事情」，作家薩伊德（Edward W. Said）曾經這麼樣形容知識分子。年晃以一個實際參與者的角色，透過書寫，把「大話新聞」的一些幕後故事，記錄下來、連接起來，這是富有勇氣，又很溫柔的一件事。

近年來，台灣的媒體環境起了很大的變化，隨著資本愈來愈密集、競爭愈來愈激烈，第一線新聞工作者的報導和寫作空間，也受到了影響。我常常有跟記者接觸、聊天的機會，也常常從他們充滿熱情的眼神中，看到他們對於環境的無奈。

從戒嚴走向開放、從封閉走向多元、從國家控制走向市場化，台灣媒體的發展歷程，宛如一部台灣民主的發展史。在這個過程中，記者扮演了非常關鍵的角色。在戒嚴時期，他們要在高壓統治的言論控制下，

偷渡民主思潮；在走向民主的階段，他們時而與反對陣營並肩作戰，時而帶著批判精神，督促反對陣營；在民主逐漸成形的時候，他們要小心呵護民主幼苗，又要時時注意民主幼苗是不是長偏了方向。

因為有這麼多前仆後繼、抵擋孤獨而又忠於自己的記者，即使面對令他們感到無奈的環境，依然能努力堅持、持續奮鬥，台灣的民主才更加有了前進的動力，台灣的媒體環境，也有了隨著台灣民主發展的機會，變得更為進步。

本書的出版，是一項記錄，是一項行動，也表現了台灣的進步。記者出身的年晃，選擇忠於自己內心的聲音，選擇把這段歷史保留下來，這是他的堅持與執著，也出於他的熱情和浪漫。

當人們感嘆現今媒體環境不佳的時候，仍然有著許多像年晃一樣堅持、一樣熱情的記者，盡自己的心力，說出心裡的那個聲音。這許許多多的聲音匯聚起來，就是一股力量，而這一股力量，也會是台灣公民社會最厚實的基礎。

于台北長安東路

| 推薦序 |

看了這本書, 連我也結舌瞠目！

鄭弘儀
「大話新聞」主持人

　　年晃出書，要我寫序，版稅他賺，但我做白工，可是我不能不寫，誰叫他是我朋友呢？而且他在「大話新聞」幫了我那麼多年，不寫也說不過去。年晃是個率直、真性情的人，不幫他寫，他記性會很好。

　　「大話新聞」從 2002 年開始，起先是周六、周日晚上各兩小時，後來變成一周四天，周四至周日，接著再擴張到一周七天，天天有。老闆會擴充，應該不是收視率不好吧。

　　如果「大話新聞」還有一些成績的話，那年晃等等來賓絕對是厥功甚偉。年晃是很善於使用網路科技的人，他不但用這個工具蒐集資訊，並建立起國內外情報體系，歐洲、美加、紐澳、日本、台灣，許許多多有訊息要丟回國內的僑胞、留學生，最後都會找上年晃。像苗栗「大埔事件」、馬總統「綠卡事件」、美國「瘦肉精事件」……等，年晃都算一級戰犯。

　　當然，年晃在三立好像也有很多眼線，他的消息總比我靈通太多太多，靈通到甚至老闆的事，他也知道，我常要經他指點，才能略曉迷津，這也就是他為何能寫這本書的原因了。看了這本書的初稿，原來內幕這麼精彩逼人，令我也結舌瞠目。

　　主持「大話新聞」是很耗神的工作，為了這個節目，我至少每天從早到晚都在準備，我了解，這節目錯不得，許多人眼睜睜盯著。為了「擴大內需 589 億方案」有沒有被確實執行，我開車載太太到處去拍照檢驗，像個驗收公共工程的公務員，車子還被拖吊好幾次。

　　為了了解八八風災的復原情況，在災後一年，我向朋友借越野車載著內人，從台北南下小林村、那瑪夏、嘉義阿里山鄒族部落查看。

　　不斷的監督公共政策，三聚氰胺從 2.5 ppm 改成 0.05 ppm；石灰石（水泥）礦山放棄重新開採；H1N1 疫苗的傷害得以被重視；國光石化取消開發；大埔農地得到原屋保留的承諾；勞工貸款條件稍稍放寬；夢想家一夜燒兩億被重視；花博怎麼花錢；新生高改善工程的不合理；集會遊行法的荒謬……都普受討論。

　　這期間，我也付出不少代價，官司背了五、六條；恐嚇信、子彈也都收過。起先都還報案，後來也就皮皮啊，懶得報了。

　　如果過去十年，努力吹捧一個有雄厚黨產的黨，應該可以撈點好處吧（而且不用常常跑法院），如果主張統一，向紅色靠攏，好康也不會少吧（而且不會得罪人，一直怕住進北京秦城監獄）。不過，我們都沒這麼做。謝謝年晃，雖然終年都在晃，但那條叫尊嚴的線，他仍堅定的守著。

　　一條路走十年，你會回頭看誰是自己的朋友，台灣的朋友。

| 推薦序 |

此刻不站出來, 也許就來不及了!

馮光遠

「給我報報」負責人

這幾年，發生在年晃身上的幾件事情，盤桓在年晃腦袋裡的一堆念頭，竟然跟我有著高度的雷同性，光是這些因素，我一定要幫年晃的這本書敲敲邊鼓。

是這樣的，在金溥聰馬英九政權成立之後，我跟年晃都開始跑法院，我跟年晃有時候講起話來都會氣急敗壞，我跟年晃都少了一些工作的機會，還有，我跟年晃都變得更敢講、更勇敢，因為我們對台灣都有感情（不是「燒成灰之後也是台灣人」的那種虛假感情），我們知道，如果再不站出來，也許就來不及了。

什麼事情來不及？其實對民主一事有感覺的人，應該不會不知道什麼事情來不及，問題是，許多人基本上是那隻在漸溫的鍋裡游泳的青蛙，他們並不會意會到，在金馬政權的設計下，台灣正一步一步往香港的命運邁進。

這是為什麼鄭弘儀的節目會被幹掉，這是為什麼

旺旺中時的蔡衍明這麼囂張，這是為什麼壹傳媒的黎智英壯志未酬身先死，當然，這更是為什麼這幾年以來，台灣司法體系裡一些特殊的單位，以及與金馬政權友好的傳媒，能夠這麼明目張膽地進行著一堆為無能政府塗脂抹粉的工程。

於是像年晃這樣的新聞工作者必須跳出來為台灣人發聲，他的方式是加入鄭弘儀的團隊，盡他們能力所能，把一堆不公不義的事情掀出來，這本書，就是從年晃的角度，紀錄及分析這些年來他目睹的發生在台灣新聞、傳播圈裡頭一些值得台灣人認識、瞭解的事件，以及它們可能造成的影響。

在閱讀過程中，我們也可以看到一些傳播圈既得利益者的嘴臉，他們傷害的，其實不只是「大話新聞」這個新聞團隊，他們傷害的，更是台灣民主機制裡頭一個重要的元素，那就是新聞自由。

不過我們也不能全然責怪這些沒有新聞素養的老闆們，到底，他們的目標不過就是在殘酷的商場裡保護、甚至壯大自己罷了，加諸這些商人太多額外的任務，本來就是緣木求魚。可是這本書能夠啓發讀者的，是另一個面向，那就是，一個國家的願景，是全體國民一起打造的，當有人沒有意識到溫水煮青蛙的可怕時，其他有此警覺的人，一定要挺身而出，因為一旦台灣淪為跟中國共產黨統治下的中國一樣，又恢復成

　　極權體制時，我們怎麼向曾經爲台灣民主、自由做出重大付出的民主前輩交代，我們又怎麼向日後必須再度過著道路以目、假面生活的後代子孫解釋？

　　年晃的這本書很容易閱讀，可是我想比較不容易的，是我們在闔上書本之後，針對台灣民主、公平正義日益沉淪的事實，怎麼去立下力挽狂瀾的大決心，以完成捍衛民主的這個大任務。

| 推薦序 |

揭開有線電視新聞台的面紗

黃國昌
中研院法律所副研究員

　　當澄社在二十年前出版《解構廣電媒體》（1993）時，台灣面臨的是黨政軍對廣電媒體的全面掌控，透過「有形的惡法」管制新聞言論，美化威權體制的統治正當性，打壓訴求自由民主的聲音。二十年後，台灣雖已歷經了民主轉型，也解除了媒體管制，但另一隻「無形的黑手」，卻正透過財團對新聞傳媒的掌控與併購，以更為細緻的手法，篩選著視聽大眾得以接觸的資訊及言論內容，並進而宰制了市民對人物及事件的認知與觀感，當然也就隨之影響了公民在公共領域的偏好選擇與投票行為。

　　無論是「有形的惡法」還是「無形的黑手」，對於做為民主政治重要基石的言論自由所造成的傷害，或許難分軒輊，但相較於惡法容易被標定為明確的改革對象，隱身幕後的黑手，卻由於得以透過法律上具獨立地位的財團做為中介屏障，一方面施展其控制言

論的實質影響力，一方面卻極力否認任何干預，使得公民團體揭開黑手面紗的努力，屢屢被阻絕於層層保護傘之外，在資訊極不對等的情形下，艱苦奮鬥，對抗惡靈。

要深入地瞭解這種「政」、「商」、「媒」互利互惠、交相掩護的惡質結構，並進而意識到台灣民主目前所面臨的危機與挑戰，學者的艱深論著或大聲疾呼，效果經常有限。往往必須出現「具體事件的衝擊」與「圈內人的吹哨」，才能讓民眾產生更為深刻的體認，也才較能引起廣泛的共鳴。困難的是，「圈內人」即使具備洞悉這個惡質結構的能力，也掌握了外界所不知悉的秘辛，但由於身處結構之內，處處受制於人，往往不願吐露實情。對於特定新聞的被壓抑，外界即使提出高度合理的質疑，囿於第一手詳細資訊之欠缺，終究淪為無解的公案，難以解開其中的關鍵密碼。

三立新聞台在 2012 年 5 月底嘎然宣布終止「大話新聞」的製播，絕對是 2012 年台灣媒體界的重要事件，相關的傳言亦甚囂塵上。鍾年晃先生身為「大話新聞」的長年參與者，願意不計代價地在本書揭露許多不為人知的內幕，不僅透過這個將在台灣新聞史上留下重要註記的事件，帶領讀者一窺隱身於有線電視新聞台後錯綜複雜的政商勢力，如何影響呈現在觀眾面前的新聞言論，更將「大話新聞停播」置於台灣的政經大

脈絡下，提出針砭的剖析觀察，並為我國民主自由所
正面臨的空前危機，發出警語，令人佩服。

今年（2012）年初，當我被 Andrew Higgins 在
The Washington Post 對旺中集團蔡衍明的專訪報導所
一棒打醒，並與許多知識界的朋友發起「拒絕中時運
動」時，老實說，以法律為專業的自己，對於我國有
線電視市場，認知極為貧乏。直到我意識到在二十一
世紀的台灣社會，做為普羅大眾最為重要新聞資訊來
源的「有線電視新聞網」竟然會透過「聯合沉默」，
一再封鎖有關旺中傳媒集團的種種負面新聞時，我才
開始深入追究，到底是怎麼樣的控制機制，竟會生成
如此可怕的資訊封鎖。

經過不斷地探索，我才終於了解這到底是怎麼回
事，也因此，在一場台大新聞所的閉門會議後，毅然
投入「反旺中併購中嘉案」的行列。在奮戰過程中，
令我真正震驚的是，許多「圈內人」明明知道「聯合
沈默」的成因，在私下高談闊論，但在麥克風前，卻
紛紛選擇噤聲不語，甚且公然撒下「完全沒有什麼封
口令」、「系統台根本無法影響有線電視新聞台」的
漫天大謊。我雖然可以理解大部份人選擇噤聲不語的
原因，但我無法容忍這個變態的機制，竟主宰著我們
的資訊內容、摧殘著台灣的言論自由。

我不認識鍾年晃先生，第一次接觸是他今年 3 月

致電邀我上廣播節目，討論「拒絕中時運動」。在當時電子媒體「聯合沈默」的氛圍中，鍾先生率直地直陳「因為電視新聞不敢報、大話新聞不能談，他只能在廣播上談」，在其能力範圍內，支持我們的運動理念。第二次接觸是在今年 7 月底，旺中集團發動「走路工報導」抹黑本人時，鍾先生再次邀我上廣播節目，說明事件完整始末。

　　收到本書初稿，正是深夜，一口氣讀完，天已破曉，雖感痛快，但內心沈重，苦思可能的改革出路。決定為這本書作序，不是因為鍾先生曾經支持我們的運動理念，而是因為他藉由具體的事件，不僅清楚地解構了台灣的有線電視新聞生態，更深刻地剖析了一個視新聞自由為無物的中國極權政體，正如何透過經濟勢力，企圖摧殘台灣的民主自由。

　　相信您在打開本書後，也會不能自已地直到結束。希望您在閉卷後，也能加入我們的行列，為這塊土地共同奮鬥。

September 27, 2012
於 Ithaca, New York.

| 自序 |
前進就會有力量

　　自 2008 年以降，許多人擔心台灣未來，是否仍
能以民主為傲？是否能確保主權？是否仍擁有言論自
由？這一切似乎來得太快，快到來不及反應，快到如
夢似幻。然而擔心憂慮無濟於事，唯有不斷前進才能
改變現狀，停留在原地自怨自艾只會讓敵人在黑暗中
竊笑，只有不斷奮戰、努力，才能贏得尊敬，捍衛現
有的生活方式。

　　言論自由是民主社會的基石，台灣的言論自由從
來就不是天上掉下來，是過去幾十年無數前輩前仆後
繼流血流汗爭取來的。言論自由就像空氣，當它存在
的時候，你感覺不到，一切都這麼自然、輕鬆寫意；
但當你一旦失去它，卻會痛不欲生，無所適從。我們
這一代應該嚴肅思考，能夠留給下一代的，並非豪宅、
珠寶、名車、現金，而是得來不易的言論自由和民主
生活。

　　在台灣，實質警總已不復存在，但心中的警總已

然成形，中國透過商業利益影響台灣媒體，讓媒體不再扮演第四權監督、守望的責任，搖身一變成為政府的化妝師，甚至隔海與北京政權唱和。台灣人民兩度用選票產生的政府，對外已經證明無力處理日益嚴峻的國際與兩岸情勢，對內面對嚴重不景氣也一籌莫展。在這個關鍵時刻，若媒體無法扮演監督角色，台灣人民持續對公共事務冷漠，福爾摩沙未來將不再美麗。

本書從電視台停播最受歡迎的政論節目切入，探討許多不為人知的幕後，主要用意就是希望喚醒閱聽大眾對潛藏在背後因素的重視。我無意臧否是非，畢竟是非對錯從不同角度看，本就有不同結論。書中所寫的看似個案，但絕非僅此一例，類似的情況已經存在台灣媒體內部，只是媒體從業人員或囿於現實壓力，或尚未查覺，無人出面揭露真相罷了。希望此書能收拋磚引玉之效，喚醒閱聽大眾對媒體自我設限的警覺。

我也無意突顯「大話新聞」有多麼偉大，只想藉由探討大話新聞製作過程，傳遞該節目求真、求實、探索事件本質的精神，至於節目是成功或失敗，自有歷史論斷。

近半年以來，我充分感受到人情冷暖與世態炎涼，許多人對我伸出溫暖的雙手，恕我無法一一列舉致謝，許多人棄我而去，我也坦然以對，就當是人生的試煉吧！我要特別感謝內人，這幾年來她承受一般家庭主

婦所不需經歷的種種，特別是我們物資匱乏的這段期間，她依然無怨無悔。

　　未來，我仍將站在民主的道路上繼續前進。在此引述由台灣新文學之父賴和散文「前進」所改編的歌詞，與所有讀者共勉。

　　　讓我們前進，眼前的黑暗就是方向。
　　　盡頭總會天亮，我們總有一天會到達。
　　　還是要前進，即使失去了夥伴，
　　　努力前進，即使路途孤單。
　　　前進才有光亮，才有方向，才會有希望。
　　　夥伴們快點跟上一起前進，就會有力量。

　　　　　　　　　　　　　　　2012 年 9 月 16 日於新店

第 一 篇

鄭弘儀請辭與媒體中國化

| 第一章 |

傳奇已經結束，
歷史正要開始。

「大家好，今天是大話新聞最後一集播出，我們會秉持媒體專業，監督政府直到最後一刻。」這是2012年5月31日，大話新聞主持人鄭弘儀的開場白。

當晚，全台灣有超過百萬名觀眾（大話新聞最後一集平均收視率一點三一，總接觸人口一百六十一萬），帶著疑惑、不解又不捨的心情收看大話新聞，因為今天是開播十年大話新聞最後一集播出。隨著節目進行，晚間十一點，鄭弘儀率領全體來賓起立向觀眾鞠躬，「謝謝大家」才剛出口，攝影棚內燈光逐漸變暗，大話新聞正式落幕。螢光幕前的觀眾有太多的不捨、遺憾與不解，「以後晚上九點要做什麼呢？」這是多數長期收看大話新聞觀眾心中的疑問。但螢光幕後的鄭弘儀卻出奇平靜，因為他最難過的時刻已經過了。

台灣政論節目傳奇結束了

　　走出攝影棚，三立「貼心」地準備香檳歡送鄭弘儀，還有簡單的宵夜，所有來賓及主持人一起舉杯，感謝包括導播、副控室及全體工作人員十年來的辛勞，不料這張舉杯的照片，後來竟然被三立公關發給媒體刊登，還一度引起網友批評「怎麼可以酒後開車呢？」也許三立是無心之過，但當天根本沒有人喝酒，大家只是舉杯做個樣子而已。

　　來到一樓大廳，門外早已聚集數十名自動自發的群眾準備獻花。兩位在三立門口守候多日的婦女，得償宿願見到鄭弘儀，激動地哭喊著「我們以後怎麼

辦」。不過，弘儀還是很盡職地安慰大家。有記者問他「你下一步有什麼計劃」，他還打趣地說：「我下一步要開車回家。」臨上車前，有一位我不認識的年輕朋友對我高喊「年晃大哥，加油」，當時我的情緒已瀕臨崩

鄭弘儀接受獻花

潰邊緣，但我還是打起精神跟他說「謝謝」。

　　回到家打開電腦，臉書及噗浪河道上早已充斥各種關於大話停播的傳言及猜測，也有很多網友對我說「anˋ giuˋ hoˋ moˋ」（客語「最近好嗎？」），讓我倍感溫暖。臨睡前我一再思考，應不應該把鄭弘儀「請辭」的真相公諸於世？後來，我想到幾天前他說的一句話：「這是三立的一小步，但是台灣的一大步」，才有這本書的誕生。

　　全球最大的社群網站臉書上面，有兩個與大話新聞相關的社團。一個是非官方的「大話新聞粉絲團」，成立於 2010 年 4 月 25 日「雙英辯論會」之後，到目

前止，已經超過一萬兩千名粉絲加入，雖然大話新聞已於今年（2012）5月31日停播，但目前每周仍有超過三千八百人參與討論，每周總接觸人數則超過九萬人，誠如社團創立人在成立宗旨寫的：「本粉絲團非三立電視官方電視台所製作，粉絲團成立於2010年4月25日雙英辯論會，大話新聞結束後，本粉絲團將繼續經營不關閉，請大家繼續指教。」雖然大話新聞已經結束，但仍有許多欣賞「大話精神」的粉絲持續在這個園地發表對時事的看法。

大話新聞粉絲團

　　如果再進一步分析可以發現，在眾多粉絲當中，年齡層大多集中在二十五到四十四歲，共佔百分之四十六點一，其次是四十五到五十四歲，佔百分之七點九。超過一半粉絲年齡介於二十五到五十四歲之間。在地區分布上，則居住在台北市人口超過一半[1]。這些數字的背後所代表的意義其實並不簡單，因為這些年齡層及居住地區分布，其實正是廣告主眼中的「目標客戶」（target client），簡單來說，除了一般收視率調查以外，進一步分析資料才能得到上述資料，這群人的消費能力較強、較能接受新事物，是多數廣告主的重點訴求對象。

　　對一個電視節目而言，如果他的觀眾群有超過半數是廣告主眼中的 target client，那麼這個節目的廣告一定滿檔，而且是電視台眼中的金雞母，保證賺錢。大話播出時段又是晚間九點到十一點黃金時段，實在沒有理由「讓三立少賺很多錢」。所以，如果三立會因為要前進中國而關掉大話新聞，背後一定有外界所不了解的更大誘因。

　　另一個粉絲團則成立於 2012 年 5 月 24 日，也就是媒體報導鄭弘儀將辭大話新聞主持人的同一天。標題開宗明義寫著：「三立，我要大話」，創辦人成立

1.數據來自臉書官方統計。

三立，我要大話！

宗旨寫著：「財訊雜誌報導，三立電視台為前進中國，準備關掉收視率最高的《大話新聞》。請網友一起來搶救鄭弘儀，搶救大話新聞！」在大話停播消息曝光之後，短短三、四天之內就擁有近九千人按讚。雖然最後沒有達成目標，但仍然足以展現出大話新聞的影響力已經深植人心。

　　一個已經停播的政論節目，仍然可以在社群網站及社會中具備相當程度的影響力，這在台灣電視史上應該已創下空前紀錄。大話新聞所創造的台灣政論節目傳奇已經劃下句點，但媒體受中國勢力影響的新一頁歷史會就此展開嗎？

三立 SETN【大話新聞】

錄影時間：101 年 5 月 31 日(四)晚上 20:55-23:00　播出時間：101 年 5 月 31 日(四)晚上 20:55-23:00

來賓　資深媒體工作者　　　　　　　吳國棟(前時報周刊總編輯)
　　　民進黨立委　　　　　　　　　潘孟安
　　　民進黨立委　　　　　　　　　蔡其昌
　　　東吳大學政治系副教授　　　　徐永明
　　　資深媒體工作者　　　　　　　鍾年晃
　　　台北大學公行系副教授　　　　侯漢君
　　　新台灣智庫助理研究員　　　　何博文

第一段：15 分

*財政部長劉憶如請辭獲准，行政院今天上午宣布繼任人選是由前財政部次長張盛和接任；對此，張盛和接獲媒體求證電話時，語氣驚訝說，「我是看電視才知道！」張盛也坦承，他曾被徵詢，但並未正式接到消息，最後甚至急忙要掛電話，說他要看電視：

→證所稅這場鬧劇，馬政府到底要上演到什麼時候才要落幕？一個新任財政部長竟然是看電視才知道自己接任財政部長，這又是什麼樣的決策過程？這樣的政府，人民有辦法信賴嗎？

第二段：17 分

*總統馬英九上週在總統府接見一位國內訪賓時，當場抱怨國民黨榮譽主席吳伯雄的幕僚「壞事」，已經破壞兩岸關係的互信建立，馬英九對訪客說，他根本就沒有授權吳伯雄去北京講「一國兩區」與「兩岸同屬一中」；「吳胡會」後，北京希望馬英九在 520 就職演說中，「由本人」進一步做出定調，結果事與願違，導致目前的兩岸氣氛有些尷尬：

→吳伯雄當初傳話引發風波時表示，他是「受人之託、忠人之事」，如今馬拋出的「一國兩區」導致中國產生錯誤期待，又把過錯怪到吳伯雄幕僚身上？這跟證所稅怪罪劉憶如「公主亂政」有何不同？

第三段：15 分

*國民黨中常委邱復生昨在中常會提案，主張暫緩電價調漲，獲多位中常委連署支持；邱復生強調，油電雙漲導致物價上漲，燃起民怨無法平息，尤其台電爆發弊案情況不明，「執意於此時漲價明顯缺乏說服力」；但身兼國民黨主席的總統馬英九卻當場拒絕，強調依據經濟部的資料，家戶每月平均用電 350 度，6 月 10 日第一波漲價，若不計算夏月電價，「一個月只增加一塊錢」；12 月 10 日的第二波，「只增加七塊錢」：

→人民為了物價高漲叫苦連天，對馬總統來說，卻只是 1 塊錢跟 7 塊錢而已？馬英九這樣的邏輯，跟之前面對學生問他便當縮水一個吃不飽怎麼辦時，回答「那你有沒有再吃一個」有什麼兩樣？

第四段：15 分　　開放 Call-in

題目：怠速重罰 38 度 C 不能開冷氣?這麼缺錢?
　　　電價緩漲?馬:只漲幾塊 不知帶動漲?
　　　最新民調:97%人感痛苦 為什麼呢?

第五段：16 分

*停車怠速熄火新規定將於明天起正式開罰。即便排班計程車前 3 輛已排除，計程車工會理事長陳春棟希望放寬至 5 輛或擬定溫度上限，環保署則說會持續協調溝通；依照「機動車輛停車怠速熄火

管理辦法」規定，機動車輛在公私立停車場、道路（不包含高速公路、快速公路及快速道路）及其他供機動車輛停放、接駁、轉運場所，停車怠速等候逾3分鐘者，都應關閉引擎熄火；幼童專用車、遊覽車、大客車，可於乘客上車前15分鐘啟動引擎；計程車在排班候客時（不限於招呼站），駕駛未離開駕駛座的前3輛排班車，一併排除適用；停車怠速未熄火逾3分鐘，違規機車處罰新台幣1500元、小型車3000元和大型車5000元，可按次處罰，最高處6萬元罰鍰，明天起正式開罰：
→在炎炎夏日酷熱難當的台灣，要求所有開車者怠速未熄火不能超過三分鐘，這樣合理嗎？政府打著節能減碳的名義大漲油電價，現在又祭出怠速未熄火超過三分鐘開罰的規定說是為了環保；到底這政府是為了環保？還是缺錢？為什麼這個政府這麼需要從人民身上「賺錢」？

第六段：15分　開放 Call-in

題目：備轉容量降1% 就省100億 為何不做?
　　　"大話新聞"十年 所有的支持 深深感謝!

第七段：11分

* 今天是「大話新聞」播出的最後一集，謝謝十年來陪我們一起努力、一起走過的來賓，請談談你們對「大話」熄燈的感想和這幾年來上節目的心情，謝謝大家！

| 第二章 |

傳言大話新聞
將更換主持人

　　大話新聞開播十年，前面六年還算一帆風順，從未受到政治力干擾，但從 2008 年馬英九當選總統開始，「大話新聞即將停播」、「鄭弘儀交卸主持棒」的傳言從未間斷過，保守估計至少有十次，但每次都是「狼來了」之後不了了之。不料，這次竟然成真，而且來得太過突然，連當事人都被蒙在鼓裡。

　　2012 年 5 月 14 日傍晚六時許，我剛錄完鄭弘儀和于美人主持的「新聞挖挖哇」節目，正準備用餐稍事休息後，繼續迎接晚上九點的大話新聞。沒想到，剛停好車就接到一通電話，是「財訊」記者打來的。她自報姓名之後，不假思索劈頭就問：「你有聽說 6 月起大話新聞要更換主持人嗎？」因為這幾年來聽過太多次類似傳言了，我很制式地回答她說：「毫無所悉。」不過，由她的言談當中，我察覺到事情並不單

純，因為她掌握了許多不為外人所知的細節，憑記者的直覺，我研判她的消息來源是相當接近三立決策核心的人。

掛掉電話之後，我突然回想起來，下午在錄影的空檔時間，弘儀回了一通電話，對方好像就是這名「財訊」的記者。當晚，我找了一個沒有第三者的場合，主動對弘儀提到「財訊」記者打電話給我的情況。他告訴我：「下午我有和她通話，她也問我相同的問題，我回答她說：『應該沒有吧，如果要換人，我應該會知道吧。』」聽他這樣說完後，我再也沒有把這件事放在心上，就當作和往常幾次的謠言一樣，讓它隨風而逝，因為我心裡很明白，大話新聞這幾年來樹大招風，國內不論哪個陣營，都有人心裡欲除之而後快。但當時我卻料想不到，這次造成大話停播的力量，大到遠遠超過我的想像。

究竟 5 月 14 日當天，鄭弘儀到底知不知道真相呢？我很負責任的告訴讀者，他的確不知道。這也是為什麼弘儀在確定大話新聞停播之後，受到如此大的衝擊，因為連局外人都聽到風聲了，但他本人卻還渾然不知，簡單來說，「他有被做掉、出賣的感覺」。我想任何人碰到這種事情，心裡絕對無法接受，但弘儀自媒體將此事曝光開始，一直到大話新聞最後一集播出，這段期間他所展現出來的風度，對三立絕不惡

言相向，讓人非常佩服他的雍容大度。

　　5月14日這件小風波在當時就算這樣過去了（我當時的確沒有料想到，小風波最後會演變成「蝴蝶效應」），一直到十天後的5月23日，弘儀突然私下問我：「你覺得『財訊』說的是不是真的？」他指的就是幾天前「財訊」記者分別打電話詢問我們兩人的事。我聽到他這樣問，心裡打了一個冷顫。因為我了解弘儀，他從來不會杞人憂天，他經常掛在嘴邊的一句話是，「自己無法決定的事情，擔心也沒有用」。如今在事隔多天之後，突然重提往事，莫非這次是真的，但我從他臉上看不到任何線索。所以，我只淡淡地回了他一句：「我看是風向球吧，公司又要給你穿小鞋了，這又不是第一次。」他只淺淺笑了一笑，沒有多說什麼。

　　沒想到，隔天下午「新新聞」和「財訊」石破天驚的兩篇報導，撼動國內媒體及政治圈，各界激烈的反應，也遠超出三立的預期，只好採取緊急措施，避免反彈愈演愈烈。

| 第三章 |

令人不解又疑惑
的「請辭」

　　5月24日下午，我一如往常在家準備晚上要用的資料，我的習慣是每周三國內各大周刊的出刊日，會先到他們網站瀏覽是否有重要訊息。先來到「財訊」網站，果然在首頁就看到「爲前進中國，關掉大話」的標題，點進內文一看，內容寫得鉅細靡遺，報導中提到「三立總經理張榮華夫婦（張榮華太太蘇麗媚，原任三立執行副總經理，現已辭職，轉往中國與「土豆網」合作發展戲劇節目）積極想往中國發展，但因爲卡在大話新聞及鄭弘儀的立場，批文一直下不來」，雖然三立董事長林崑海在報導中極力否認傳言，「我們不會讓主持這麼久的人請辭……鄭弘儀有時說壓力很大，他自己也想太多，外面說的跟實際不太一樣啦！」嚴詞否認三立有意讓大話熄燈並更換主持人。但從報導內容與邏輯，我判斷這篇報導的可信度非常高。而林

崑海告訴「財訊」記者的話，至今仍讓我不解。

同一天出刊的「新新聞」，也在首頁以斗大的標題寫著「鄭弘儀跟大話新聞說拜拜！」內容更明確指出，6月起鄭弘儀將不再主持大話新聞，部份固定來賓也將調整。根據「新新聞」的報導，促使三立下這個決定最主要的原因是：「三立有多部偶像劇卡在中國廣電總局遲遲批不下來，這不僅影響到該集團的營收與成本，更影響張榮華建立兩岸三地『華流文化』、『華劇基地』的大布局。」

「新新聞」這篇報導內容也大部份屬實，包括林崑海對「部份來賓（其實只有一位）介入民進黨內初選有意見」等等，但有一處卻是錯得離譜。那就是報導中提到今年（2012）2月24日海董娶媳婦，鄭弘儀與大話來賓坐成一桌，其實當天是周五，大話新聞現場播出，我們所有人都在台北攝影棚內，沒有人去喝喜酒。

本來每天晚上節目開始前的短暫空檔，是主持人與來賓的 happy hour（休閒時刻），通常這個時候弘儀都會講笑話讓大家輕鬆一下，或是彼此間交換一些對時局的看法。但是這天晚上氣氛非常詭異，彷彿每個人咽喉裡都卡了一顆石頭，既吞不下去，也吐不出來，弘儀也沒講話，但大家心裡其實都知道對方已經看到相關報導了。最後，我打破沈默，輕描淡寫地問了一

句：「今天財訊和新新聞的報導是怎麼回事？」弘儀也淡淡地回了一句：「是真的，就從6月1日起，來賓、主持人全換。」我記得當天因為要討論立法院臨時會美牛議題，所以邀請民進黨立委趙天麟來現場，他聽到這句話之後，整個人簡直傻住了，只能勉強從嘴巴擠出一句：「這實在是太令人震驚的消息了。」我要不是事先有心理準備，反應恐怕也和他一樣吧。

　　幾分鐘後節目開始，此時就不得不佩服弘儀和大話來賓多年磨練所養成的功力和默契。前一刻才剛得知這麼重大的消息，片刻之後，現場導播開始倒數「五四三二一」，大家馬上深呼吸恢復正常，電視機前的觀眾根本不知道剛才發生一件足以改變台灣媒體生態的大事。

　　當晚已經有觀眾 call-in 關心大話停播的事情，鄭弘儀再度證實媒體報導所言屬實，我也首度聽到他對「辭職」的「官方說法」。他說：「我去年的確有請辭，因為想要有多一點時間照顧家庭，感謝三立成全及栽培，希望大家以後繼續支持三立。」我當時心裡很詫異「弘儀為何要這樣說？」「事情的真相不是這樣，為何不說實話？」但事過境遷之後，我可以理解他當時的考量，反正事情已經無法挽回，大家又何必撕破臉呢？

　　下節目之後，已經有報社記者守候在一樓大廳，

鄭弘儀「請辭」消息，震撼台灣媒體界。

自由時報記者問我「6月以後還會不會繼續參加新的節目？」我笑了笑說：「6月1日你就知道了。」現在大家應該已經知道我的答案了吧。

| 第四章 |
「辭職」的真相

　　依照三立官方公開的說法，鄭弘儀請辭「是要回歸家庭，多陪家人並照顧太太」，雖然弘儀對外也是這樣說，但我非常清楚，這絕對不是真正的原因。因為他主持大話新聞十年，現在小孩都已長大成人，並不需要他花太多時間陪伴；而太太的身體狀況一如往常，並不需要特別花時間照顧。如果他是五年前說這番話，我也許會相信，但絕對不是現在。所以，三立及弘儀的說法，只是雙方默契下的產物，用意就是希望以弘儀的「私人因素」化解外界的反彈吧！事實上，「照顧家庭」等說法，根本就是三立高層要求鄭弘儀配合說的，這並非他的本意。

　　在主持十年大話新聞過程中，鄭弘儀主動請辭過兩次，但都不是「家庭因素」。一次是在 2008 年總統大選後，到 2009 年之間，當時民進黨慘敗，加上主持大話新聞精神壓力非常大，那段期間他已經身心俱疲。

好幾次都已經到晚上七、八點了，他才告訴製作人「我今天身體不太舒服，可不可以找人代班」，把見慣大風大浪的製作人嚇得花容失色。後來鄭弘儀主動向三立請辭，但公司不准，只同意讓他休一段長假，好好調養身體。休假期間，外界謠言四起，客服每天電話接到手軟。銷假上班之後，有一次三立高層主動對弘儀說：「你知道嗎，你代表的不只是大話新聞主持人，而是台灣人的精神寄託。」這位高層還開玩笑地說：「以後你如果覺得累了，只要人坐在台上就好了，甚至放個人型立牌，都不必講話也可以。」沒想到，這位高層口中「台灣人的精神寄託」，到最後仍敵不過中國市場的商業誘惑，被棄之如敝屣。

第二次請辭則是在 2012 年總統選後，這次的原因比較複雜，並非單一因素，而是四年累積下來的沉痾。鄭弘儀覺得三立不夠重視大話這個節目，經常讓他穿小鞋。例如，他的辦公室本來在五樓，空間頗大，大約有兩坪大小，後來三立以整體空間規劃及五樓另有用途為由，請鄭弘儀將辦公室遷至新裝潢完工的八樓。但是八樓辦公室的空間非常小，連一坪都不到，放一張桌子、一台電視加上書櫃之後，幾乎連轉身的空間都沒有了，更遑論要和同事開會討論事情。而且某天製作單位發現，原本五樓辦公室根本閒置無人使用，心裡更不是滋味。

　　當然，這只是小事，鄭弘儀最在意的是主持人及來賓被告，三立不只沒有做新聞支援，不幫忙請律師（民視有幫來賓請律師），甚至連過問都沒有。說得難聽一點，大話新聞幫三立賺了這麼多錢，有事的時候，公司卻連問都不問，這點令誰都無法接受。

　　另一個重要原因則是，大話改為內製節目之後，限制愈來愈多。為了避免觸怒北京當局，六四、法輪功、藏獨、疆獨通通都不能談。鄭弘儀認為，既然限制愈來愈多，不如大家好聚好散，二度主動請辭。三立當然強力慰留，董事長林崑海還表達要親自北上與他懇談之意。3月底，鄭弘儀親赴高雄與海董長談，海董依然極力慰留，還對他說了一句：「弘儀，咱作伙繼續打拚。」聽到這句話之後，基於多年合作的情誼，鄭弘儀就打消辭意了。當時他作夢也想不到，在海董承諾「作伙打拚」的同時，三立已經著手規劃接替大話的新節目了。究竟海董當時是知情故意隱瞞真相，還是連海董也不知情？只能待歷史證明了。

| 第五章 |

政治操作

　　三立決定停掉大話消息曝光之後，客服每天有接不完的電話，有苦苦哀求的，有情緒激動的，但大都揚言「如果三立停掉大話，以後將拒看三立」。公司有鑑於事態嚴重，5月25日還希望製作單位轉告鄭弘儀，希望他出面開記者會，把辭職原因正式向媒體說明。這個要求還沒告訴弘儀，就被製作單位嚴詞拒絕了。「鄭大哥已經很委屈地配合三立的說詞，現在還要把他放在鎂光燈面前，接受質問，把大嫂的私事公諸於世嗎？」製作單位的人不滿地說。既然鄭弘儀不願配合演出，三立只好把焦點轉向固定來賓群，分頭力邀固定來賓群繼續出席新節目，希望能夠暫時穩住收視率。後來大家看電視也知道，有部份原本大話的固定來賓，繼續出現在新節目，另外一部份則選擇與弘儀同進退。去與不去，都有個人不同的考量，沒有是非對錯的問題。

　　不過，對於部份固定來賓 6 月 1 日立即出現在三立新節目的情況，看得出來鄭弘儀心裡頗不是滋味，好幾次欲言又止，畢竟他是一個厚道的人，最終還是沒有說出口，但心裡的難過與不解，卻溢於言表。因為多年來和這些來賓一起經歷許多風波挫折，多年來，一起走過紅衫軍、兩次總統大選、一起成為被告，打過許多美好的仗，總有一些革命情感，而他又是個非常念舊重感情的人，曾經不只一次，海董點名要換掉其中一位介入民進黨五都初選的來賓，而且話講得非常直接難聽，但都被鄭弘儀擋下。他總是用一句話回應三立高層的要求：「這些來賓表現都很好，又沒有犯什麼錯，你要換人，總要給我一個理由吧！」

　　他的一位友人知悉事情的經過之後，感慨地說：「他們（來賓）被利用了，怎麼連這個都看不懂。前一天還在講臨別感言，隔天馬上跑到新節目去，這太突然了吧！」這位友人說：「人家擺明就是要把來賓全部換掉，現在情況緊急了，才利用原來的固定來賓先穩定局面。」（詳情請見本篇第六章）三立停播大話的手法也許令鄭弘儀難過，但我想部份被他視為有革命情感的朋友的做法，才是令他最心痛和難過的事情。

　　其實，鄭弘儀向來不會擋人財路，更了解有些來賓的主要經濟來源是電視節目的通告費（其實只有我與何博文二人），所以他從來不曾阻止來賓參加其他節

目，更不反對來賓利用自己的政論專長演講賺外快。
2008年因為受到雷曼兄弟次級房貸所引發的全球金融
風暴影響，三立以廣告量減少，節省成本為由，將原
來一周七天的「大話新聞」，改為每周五天，理由是
可以節省主持費。周六、日則以「新台灣加油」代替，
由主播呂惠敏主持。消息傳出之後，我記得當天是星
期三，鄭弘儀在節目開始前，非常誠懇地說了一段話：
「大話從這禮拜開始改為一周五天，周六、日同時段
有其他節目接替，三立告訴我，來賓會繼續邀請，所
以你們還是可以來，不受影響。」當晚節目結束，弘
儀離開錄影現場之後，一位來賓語重心長地呼籲大家：
「我們要力挺弘儀，暫時不要去新節目」，語畢立即
引起其他人的共鳴。沒想到，幾天之後，「新台灣加
油」取代「大話新聞」的第一個周末，我在家裡打開
電視，赫然看到這個人坐在檯上高談闊論，當下心裡
五味雜陳，「當初不是你說要力挺弘儀的嗎？怎麼第
一個就跑去新節目了？簡直把其他人『裝孝維』」。
不過，弘儀後來並沒有像這次一樣，特別在乎這件事。

　　5月底讀者也許在三立頻道看過一則新聞，就是
新聞部同事歡送鄭弘儀的報導，當中還出現鄭弘儀與
三立總經理張榮華擁抱畫面，感覺大家都離情依依，
其實那場歡送會，當事人事先根本不知情。

　　5月28日傍晚近七時，鄭弘儀剛錄完「新聞挖挖

哇」，開車到三立停車場，直接坐電梯到八樓辦公室。
電梯門才剛打開，一群新聞部同事已經堵住門口，高
喊「surprise」，原來這是三立給他的驚喜。鄭弘儀一
手提著太太準備的晚餐便當盒，一臉茫然，因為他事
前根本不知道有這麼一場「歡送會」。但更「驚喜」
的還在後面。就在他簡短講完感言之後，張榮華突然
從電梯出現，鄭弘儀有點訝異，但一旁的人已經起鬨
「抱抱」，兩個人只好禮貌性的短暫擁抱。這場精心
設計的「歡送會」，後來被三立當成新聞播出，令人
覺得充其量只不過是為了因應外界強烈反彈的緩兵之
計罷了。從媒體報導大話停播，一直到最後一集播出，
短短八天之內，三立做了很多「政治操作」，讓人覺
得不太舒服。

| 第六章 |
五個條件

　　三立高層何時達成共識，決定要停掉大話新聞，至今仍然是個謎。但處理的手段及過程，令人無法苟同。

　　鄭弘儀被正式告知大話新聞將停播是 5 月 15 日，但前一天，他已經接到記者的查證電話，如果再把時間往前推，可能早在半個月甚至一個月前，這個消息就已經透過特殊管道釋放出去了，但當事人始終被蒙在鼓裡。

　　在此之前，大約是在 2012 年初總統大選結束之後，三立高層曾經告訴製作單位「五二〇後大話要轉型」，但究竟要怎麼轉型，三立與鄭弘儀雖然有討論過幾次，也有幾個可能的方向，包括更換部份來賓，但一直沒有定論。這對主持人而言，是非常辛苦的一件事，因為公司一直說要改變，但到底要怎麼改？究竟大話是要加強批判的火力？還是要保守、收斂一

點？公司都沒有方向，連帶也使主持人不知要把節目帶到哪個方向。

　　5月15日下午大約一點，整個大話製作單位正在為下午專訪前總統李登輝的事先準備工作忙得人仰馬翻，李登輝預計一點半抵達三立。此時，新聞部主管突然跑到大話製作單位辦公室問主管「你現在有沒有空」，還沒等對方回答，這位主管馬上接著說：「公司說6月初開始大話要轉型，節目名稱要改、形態要改、來賓要換、製作人要換，只有主持人不變。」（後來「財訊」的報導略有出入，該刊寫大話新聞名稱、布景、製作班底、來賓都要換掉，節目談論的主題也必須轉為社會新聞為主，在同意這些前提下，鄭弘儀可以繼續留下）

　　這位主管說完之後，還問「等一下跟鄭大哥說，會不會影響他的心情」，製作單位告訴他：「你可以等訪問完李登輝再告訴他好了。」當天訪問的時間比預定時間長，好不容易結束訪問後，製作單位抓住空檔告訴鄭弘儀：「鄭大哥，我等一下有很重要的事情要告訴你，不然我怕你沒有心理準備。」於是製作單位把那位新聞部主管的意思轉達，話才剛說完，新聞部主管就已經去找鄭弘儀告知他這個訊息了。

　　等到主管離開之後，鄭弘儀又把製作單位的人找來，雙方稍微討論事情的始末。他雖然覺得事發突然，

但並不意外，因為早在 2012 總統大選後，鄭弘儀有一天就突然告訴製作人，「我覺得今年三立會讓我辭職」，當然他並沒有多說原因，可能是媒體人天生的敏感，或是一時福至心靈吧。

短暫討論之後，鄭弘儀已經決定不接受三立這個「獨善其身」的條件，但是仍請製作單位轉告高層「需要思考」。當天有參與討論的人事後提到，「這整件事情很奇怪，如果這個節目有誠意請鄭弘儀繼續主持，應該會先和他討論內容。就像我今天要幫你做一件新衣服，至少也要和你溝通衣服的款式，至少也要幫你量尺寸吧，怎麼可能直接把衣服做好，然後丟給你，問你要不要穿。」

後來三立總經理張榮華一直請新聞部和鄭弘儀連繫，希望和他「談一談」，鄭原本以為半小時應該足夠，但張主動要求需要一個小時的時間來談，於是鄭弘儀特別空出一個小時。5 月 21 日，鄭弘儀告知三立決定走人，隔天他與張榮華見面。兩人這次見面大約只談了十五分鐘，「慰留」兩字從未由張榮華口中說出，鄭弘儀對事件發展早已了然於胸，所以他沒有多說什麼，只是默默聽張榮華講話，他幾乎完全配合三立的要求，連辭職原因「照顧家庭」也是依照公司建議，弘儀雖然覺得委屈，但仍照單全收。但是他心中難免唏噓，到晚上節目開始介紹來賓的時候，他還凸

他是我見過最有肩膀的主持人

槌了幾次，可見他心中受到多大的衝擊。

　　至此，三立停播大話新聞已成定局，而且種種跡象顯示，這是件籌劃已久的布局，只是包括主持人、製作單位，甚至連即將接任的主持人，都被蒙在鼓裡，令人不得不佩服三立保密功夫到家。其實，在三立開出五個條件之後，鄭弘儀大可以接受，繼續維持政論節目一哥的位置，仍然有豐厚的主持費，收視率應該也不至於太差，但他選擇堅持原則，走自己的路，是我見過最有肩膀的主持人。

| 第七章 |

誰來代替大話

　　身為一個商業電視台，利益當然是重要考量。三立決定停掉大話新聞之後，首先要面對的就是「收視率會不會掉？」「會不會影響廣告收入？」這兩個最直接的問題。

　　在 2005 年之前，林崑海尚未正式接管新聞部，三立新聞台的收視率始終屈居後段班。海董接手之後，在新聞部派駐自己的人馬，完全掌握新聞走向，新聞台開始有自己定位。另一方面，他力挺大話新聞，完全走本土優先路線，由於市場區隔明確，於是三立新聞台收視率從後段班一路往前衝，一度經常性位居全天新聞台收視率前二名，甚至超越長年居於龍頭地位的 TVBS。三立新聞部心裡也非常清楚，整個新聞台的收視率是被大話新聞帶起來的，只要大話收視率好，新聞台收視就會好，連下午的「小話新聞」（即「新台灣加油」，這是新聞部員工的戲稱）也跟著水漲船高，

弘儀和他的年輕「粉絲」們

一度躍居同時段第一名。

　　現在三立決定關掉大話，第一個想到的就是「會
不會連帶影響新聞台收視率？」接下來還要思考「哪
個節目可以取代大話新聞？」於是在今年（2012）3、4
月間，新節目開始緊鑼密鼓地策劃。三立請來一位新
的製播總監，悄悄開始準備棚景，而且為了避免消息
走漏，還刻意避開一些三立老員工，以免他們將訊息
透露給大話新聞製作單位。取代大話新聞的新節目名
稱，就是現在周六晚間九點播出的「驚爆新聞線」，
原本的規劃是以討論社會新聞為主。

　　不料，關掉大話的消息曝光之後，外界的反彈遠

超乎三立的預期，不只觀眾反彈，連部份民進黨重量級政治人物都紛紛致電海董了解詳情。這些反應讓三立覺得茲事體大，緊急調整策略，將原本預計 6 月 1 日推出的「驚爆新聞線」改為每周六播出，而且前面幾集仍然以政治議題為主。一位三立高層主管就坦言，「怕大家以為三立準備好了，所以『驚爆新聞線』名稱先只給周六節目用」，周一至周五及周日則仍然採用以前周六、日的「新台灣加油」為節目名稱。

「驚爆新聞線」於 2012 年 6 月 2 日播出第一集，主角是前總統李登輝，6 月 9 日第二集的主角，竟然是幾天前才剛被三立「幹掉」的鄭弘儀。檔面上五位來賓，除了陳立宏與徐國勇外，其他人和鄭弘儀根本不熟，竟然也能侃侃而談兩個小時，大論長短。因為當天是錄影播出，一位工作人員事後親口告訴鄭弘儀：「鄭大哥，我實在受不了，當天錄到一半我就想走人了，他們怎麼可以這樣消費你。」

這一切操作只為了營造一個氛圍：「鄭弘儀堅持請辭，三立來不及因應」，希望觀眾能夠諒解。而選在這個時間點，也是考慮到未來兩年國內沒有選舉，應該不致引起太激烈的反彈，反正兩年後才選，如果現在不動手，時機一過，恐怕再也動不了大話新聞了。大話熄燈之後，海董勢力也全面退出新聞部，將來三立新聞台能否維持亮麗的收視率，只能待時間證明了。

| 第八章 |

家族事業本土定位，經營有道。

　　三立向來以「台灣人的電視台」自居，不論是都會台的偶像劇、新聞台的大話新聞及台灣台的八點檔連續劇，都很受觀眾歡迎，曾經有接近兩年的時間，每天 AC 尼爾森的收視率調查報表中，有線電視收視率前十名的節目，三立各台幾乎包辦一半，甚至以上，而有些電視台可能連一個節目都無法擠上前八十名，其受歡迎程度可見一斑。

　　收視率屢創新高，換來的當然是滿檔的廣告與豐厚的收入。2006 年「動腦雜誌」曾公布「2006 年台灣媒體廣告營收調查」，在有線電視類，三立除了總收視率奪冠，還推估有高達二十九億元的廣告總營收。根據「財訊雜誌」報導，該年三立稅後盈餘有近四億四千萬元，每股盈餘三點八二元。由於三立一度想公開上市，後來因故撤銷，所以財報無需公開，但

據了解，自 2006 年以降，近幾年來，三立每年獲利節
節高升，平均至少都有十億元。根據財訊雜誌 2012 年
6 月中旬的報導，三立 2011 年盈餘近十四億元，每股
盈餘超過二十四元，配發現金股利二十元。這個亮麗
的數字在台灣一片不景氣聲中，可以說是非常難得的
高獲利，總經理張榮華在年初尾牙時甚至發下豪語，
2012 年要創造六十億營收目標，主攻「華劇市場」（以
前三立都稱為偶像劇，不知何時改名稱為華劇）。可見
三立在大舉進軍中國市場之前，公司經營已經非常上
軌道，根本不需要中國市場來錦上添花。

　　三立的股權結構非常簡單，幾乎可以說是家族事
業，董事長林崑海、副董事長張秀（林崑海之妻）、總
經理張榮華（張秀弟弟），三人股權各佔約三分之一，
前任執行副總蘇麗媚（張榮華之妻）則負責督導戲劇節
目。後來蘇麗媚因為細故與張秀不合，辭去三立執行
副總，遠走中國和土豆網合作拍戲[1]。

　　三位大股東當中扮演最關鍵角色的人物，就是副
董事長張秀。外界對張秀的認識不多，只知道她曾在
謝長廷擔任高雄市長時出任過高雄市政府無給職顧
問。其實，張秀為人非常熱心又急公好義，謝長廷和
她原本也不熟悉，只因為張秀經常針對市政問題，三
天兩頭往市府跑，主動反應給謝長廷及各相關單位，
讓他印象深刻。有一天，謝長廷又碰到張秀，於是他

主動說：「既然妳這麼熱心，乾脆來市政府當顧問好了，也方便妳以後可以隨時給我意見。」張秀慨然允諾。

　　從此，謝長廷因為張秀的關係，和林崑海愈走愈近，兩人終於變成好哥們，後來謝長廷參加民進黨2007年黨內總統初選，林崑海及三立全力相挺，但最終謝雖然獲得提名，大選卻慘敗給馬英九，三立也因

---

1. 關於蘇麗媚和張秀之間的不合有許多傳聞，但最可靠的說法是，張秀與前夫所生的兒子陳斯維原本在三立擔任副總經理，他雖然年輕，但做事也稱得上就就業業。不過，蘇麗媚和陳斯維之間的關係一直有點緊張，陳斯維簽的公文常常在蘇麗媚的辦公室一放就是好久，讓陳斯維心裡犯嘀咕。按理說蘇、陳二人都是副總，陳的公文本來可以不需要經過蘇麗媚，但礙於舅舅張榮華的關係，陳斯維也只能接受。長此以往，陳斯維覺得在三立受到打壓，決定辭職另謀高就，他把這個決定告訴生母張秀。
張秀了解事情始末之後，心裡非常不高興，於是向林崑海訴苦，海董也認為，雖然蘇麗媚一手打造偶像劇（「偶像劇」這個名稱是蘇麗媚最早創造出來，一度被圈內人稱為「偶像劇教母」），多年來對公司貢獻良多，但也不能這樣處理事情，於是他和張榮華攤牌，公司仍然保留蘇麗媚執行副總經理的身份，但請蘇退出三立決策圈。此時，換成蘇麗媚無法接受這樣的「屈辱」，決定遠走中國，自行開創事業另一春。
蘇麗媚去中國發展之後，林崑海與張榮華之間的關係日趨緊張，本來三立的大小章（公司印和董事長印）都放在台北由張榮華保管，公司九成以上業務都由張榮華代行，只要事後向林崑海報備即可。但那段時間，林崑海決定暫時收回這項權利，導致無論大小事，凡是需要蓋大小章的公事，張榮華都必須親自跑一趟高雄向林崑海報告，加上蘇麗媚不在家裡，小孩無人照顧，張榮華蠟燭兩頭燒，張、蘇的夫妻關係也陷入低潮。張榮華一度希望蘇麗媚能退一步，回到台灣繼續扮演賢內助角色，但蘇麗媚執意不肯，張榮華也無可奈何，只好繼續周旋在姐夫與妻子之間，當一個有苦說不出的夾心餅乾。

此受到極大傷害，在本書第二篇中將有詳述，但這次
挺謝風波，也是造成大話停播的原因之一。

張秀平常極為低調，幾乎從不過問三立經營，更
沒有董娘（副董事長）的架子。經常和林崑海往來的
好朋友都知道，海董極為敬重這位賢內助，不管人前
人後，都稱呼她為「盡磅」（台語「最高階」之意）。

由於三立股權結構與三位大股東的特殊關係，張
秀就扮演極為關鍵的角色，她夾在總經理弟弟與董事
長老公中間，不免時有「石磨心」的感嘆。因為，只
要她支持誰的意見，那一方就佔上風，可以主導公司
走向。2005 年一直到 2008 年總統大選，林崑海全力
掌控新聞部，並且力挺謝長廷，得到張秀全力支持，
所以即使張榮華不贊成，也莫可奈何。不過，謝長廷
敗選之後，張榮華積極拿回新聞部主導權，這次張秀
認為弟弟的主張有道理，沒有站在林崑海這一邊，導
致他差點連董事長的位置都不保。

所以，當傳出大話新聞即將停播，並撤換鄭弘儀
之後，外界第一個疑問就是：「這麼有本土情、台灣
心的海董怎麼可能會同意呢？」而且，林崑海向來認
為「台灣的錢就賺不完了」，怎麼會因為放眼中國而
放棄大話新聞這塊金字招牌呢？究竟是張榮華說服了
姐姐，佔了上風？還是海董有難言之隱？這恐怕只有
當事人才知曉了。

| 第九章 |
海董傳奇的一生

　　林崑海是台南人，他的奮鬥人生非常傳奇，如果改編成劇本，一定是一部非常賣座的勵志電影。他出身貧困家庭，白手起家。小時候曾和父親一起到山上砍竹子維生，一隻只賣十元。海董每每說起這段故事，總是充滿辛酸血淚。他說，當時年紀還小，砍竹子經常要三更半夜出門，小孩子本來就貪睡，但為了生計，只好帶著百般不情願的心情和疲憊的身軀隨著父親出門。竹林裡面蚊子特別多，就算點蚊香也逃不過小黑蚊的攻擊，常常兩隻腳被叮得紅腫難耐，抓到破皮流血也是時有所聞。當時台灣鄉下普遍生活條件不佳，哪裡有好的竹林、竹筍，都會被附近的鄉民視為賺外快的大好機會，僧多粥少的情形下，衝突在所難免。所以，林崑海從小就深刻了解一個道理，「要活下去，就要比別人勤快，人家凌晨四點到，我就三點到」，比別人快、比別人早，這是海董小時候由貧困生活中

得到的體驗。後來，他從一無所有到成為身價百億的董事長，憑藉的就是「快、早」。

中學畢業之後，因為家境不佳，加上自己也不愛讀書，林崑海就輟學投入職場謀生，先開計程車維生，後來在一次偶然機會裡，他看到報紙分類廣告版有一則「出租錄影帶」的小廣告。海董心想，「這個東西一定很受歡迎，不然怎麼會有人登廣告出租」。於是他開始跨足錄影帶生意，先在高雄六合夜市擺地攤賣錄影帶，客源穩定之後，他開了一家錄影帶出租店。當時，錄影帶市場在台灣方興未艾，也欠缺版權觀念，有時候熱門的影片，租的客戶比較多，但公司提供的影帶不夠，客人經常租不到片子而抱怨。於是，幾乎九成以上的錄影帶店都會有自行拷貝的版本出租給客戶。這樣一來，客人不抱怨了，但影帶業者只要向警局檢舉，警察就會上門關切，當時台灣還沒有著作權法，只能以違警罰法處理，雖然不是嚴重的事情，但三天兩頭跑警察局也不是辦法。

就在此時，藝人豬哥亮的餐廳秀開始崛起。林崑海再度發揮他比別人快，比別人早的精準眼光，他心裡想，「在餐廳表演，一場秀頂多幾百人看，如果拍成錄影帶，大量出租，應該很受歡迎」。於是他與張榮華等人集資，開始拍攝「豬哥亮餐廳秀」系列錄影帶，果然推出之後市場反應非常好，讓林崑海賺進大

筆鈔票。這段期間賺錢雖然多，但卻經常演出飛車驚魂。因為錄影帶太受歡迎，經常供不應求，所以海董和張榮華經常要「跑帶」，有時帶子剛回來高雄，但恆春的客戶已經趕著要了，他們二人只好開車親自送達，海董說，「有時為了趕時效，經常都飆破百」。不知道是不是當年養成開快車的習慣，林崑海現在雖然不需要自己開車，但偶爾開起他那輛 Mini Cooper S 小鋼砲，還是經常會讓車上乘客不自覺心跳加速，血壓飆高。

累積一定資本之後，林崑海開始思考如何讓自己更上一層樓。正好俗稱「第四台」的有線電視開始興起，於是他分頭進行。一方面，他與張榮華、張秀於 1983 年集資設立三立電視台，1998 年三立新聞台開播，從開始以社會新聞起家，到海董執掌新聞部之後，靠著「大話新聞」的高收視率，日漸增加政治影響力，終於成為「南霸天」。另一方面，在 1989 年成立「南國有線電視」，自己當起系統台的老闆，經過多次系統整合，目前在高雄市北區擁有十幾萬收視戶。

雖然林崑海現在已經是身價百億元的鉅富，但生活仍然非常簡樸，他不住豪宅、不喝酒，只愛泡茶，近年來也已經戒煙，連最愛的麻將也不打了。他酷愛美食，但不是五星級飯店或是米其林二星級以上的昂貴美食，尋找有特色的美食是他最大的興趣，經常到

高雄的菜市場吃路邊攤。

有一次他出門運動，突然口渴，看到路邊有一輛小貨車在賣西瓜，於是想買一個西瓜解渴，但身上只有幾個銅板，不夠付西瓜錢。於是他和老闆情商，能不能先「賒」一個西瓜，回家後立刻請人送錢過來。那個路邊攤老闆當然不答應，林崑海只好悻悻然離開。他回到家之後愈想愈不甘心，就開車再回到那裡，把整車的西瓜全部買下來，當天幾乎和海董往來比較頻繁的人，都接到一通電話「來拿西瓜喔！」一開始大家還覺得莫名其妙，了解事情原委之後，眾人都笑了出來。這個故事正好說明海董不服輸的性格，凡事都要達到他的目標，才會放手。

林崑海並非一開始就對政治有興趣，但 2001 年他卻起心動念以無黨籍身份在高雄市參選立委，後來雖然落選，卻從此展現對政治事務的高度興趣。2002 年 11 月大話新聞開播，正是林崑海經歷落選之後，蟄伏一年所做的重大決定。似乎他已經體會到，自己參選，不如當 king maker（造王者）來得輕鬆。但海董對外從不炫耀和政要的關係，他經常掛在嘴邊的一句口頭禪是：「我沒什麼影響力，只是要幫台灣做點事情啦！」只不過，大話新聞停播，是否也算是他幫台灣做的一點事呢？

| 第十章 |
三立的 CEO 張榮華

　　張榮華是林崑海之妻張秀的弟弟，也就是俗稱的「小舅子」，從早年和林崑海一起胼手胝足經營錄影帶生意，到三立電視台成立，當上總經理，也算是苦盡甘來。相較於林崑海，張榮華對政治比較冷淡，他和藝人出身的太太蘇麗媚（原來擔任三立執行副總，現在中國發展），全心投入製播戲劇節目，不論是早期八點檔的本土連續劇，或是後起之秀的都會偶像劇，都曾經創下全國有線電視的收視紀錄，奪冠更是稀鬆平常。尤其是蘇麗媚幾乎每天緊盯連續劇進度及劇本，在公司加班到天亮早已司空見慣。有好幾次晚間八點多，我到三立準備進棚，已經看到蘇執副的司機開車到大門口等老闆下班，結果十一點下節目的時候，他還在等，直到第二天問起才知道，原來司機等了一夜，蘇執副直到天亮才離開公司。三立戲劇節目能夠交出如此亮麗的成績單，張榮華夫婦功不可沒。

　　林崑海除了掌握新聞部和對外負責頻道上架事務之外，長年定居高雄，每周只有一天會北上台北了解公司業務，三立其他的業務全部交由張榮華負責，所以張才是三立的 CEO（執行長）。站在一個企業執行長的角色，追求公司最大利益是他最主要的工作，雖然三立是家族企業，股東不多，但要照顧為數眾多的員工，爭取更多福利，也是執行長責無旁貸的事。這也許就是為什麼，張榮華一直積極想把偶像劇拓展到海外市場（特別是中國市場）的主要原因。畢竟，台灣媒體近年來經營愈來愈困難，2008 年金融風暴之後，台灣長期處於 L 型經濟衰退，政府統計數字看似勉強及格，但站在第一線的電視媒體卻最能感受到景氣是否復甦，畢竟每個月底放在總經理桌上的廣告收入數字是不會騙人的。

　　張榮華雖然對政治比較冷漠，但政治敏感度相當靈敏，對國內政局氛圍掌握度非常好，而且他習慣與人為善，比較不願意得罪人，面對壓力容易妥協。也許他的本性並非如此，而是在經歷過一連串事件歷練之後，與經營一家大公司所肩負的責任，才領悟出來的生存之道吧。以下兩個小故事，正可以說明張總的個性和處事之道。

　　2007 年 5 月，三立新聞台由總編輯陳雅琳主持的「福爾摩沙事件簿」節目，播出一系列叫好又叫座的

深入報導「二二八走過一甲子」專輯，其中有一個約二十秒的畫面，將中國國民黨在上海時期肅清共產黨員的槍決畫面，誤植爲二二八事件在台灣基隆出現。播出之後不久，有「高人」向國家傳播通訊委員會檢舉，泛藍媒體配合大肆炒作，連續幾天以頭版加上社論抨擊三立造假。純粹就媒體專業而言，三立事前沒有確實查證才會誤植影片，的確犯了錯。但泛藍媒體不合比例原則的瘋狂攻擊，背後卻有政治因素及意識形態存在。當時，正好是總統選前，二二八事件向來是泛藍陣營不能面對的眞相，加上三立當時政治立場挺綠，另一陣營媒體好不容易逮住三立的小辮子，怎肯輕易放過，當然發動海陸空三軍全面攻擊。

　　這件事對三立、張榮華及陳雅琳都造成非常大的壓力，在公關陪同下，陳雅琳舉行記者會承認「誤植」錯誤，鄭重向觀眾道歉，但強調並非有心。不料，媒體仍不願放過，一路窮追猛打，整整一個禮拜才落幕，連國民黨部份政客都加入攻擊行列。有趣的是，蔣家第四代的蔣友柏於事件落幕之後，在自己的部落格「白木怡言」中寫道：「國民黨殺人是事實，在上海殺人跟在台灣殺人有什麼區別」，似乎某種程度並不同意媒體先前不成比例的追殺。

　　誤植事件總算落幕，但這次飽受同業攻擊的不愉快經驗卻讓張榮華心生警惕。大約從 2006 年開始，

大話新聞主持人及來賓在節目中會隨著當天討論的議題，進行某種程度的「媒體識讀」。我們會拿著當天平面媒體的相關報導，從標題到內文，逐一指出不盡公平之處，有時甚至還會找出前後矛盾邏輯不通的報導，當然過程中少不了批評兩句。畢竟一般閱聽人沒有時間也不太可能像我們讀得這麼仔細，找出藏在細節裡面的魔鬼，當時我們都認為這種做法，有助於提昇公民意識，讓人民懂得明辨是非，不再受媒體的愚弄。

這段過程進行了近一年，張榮華向來未置可否。但「誤植」事件落幕後不久，有一天他對鄭弘儀說：「這段期間他和三立飽受同業批評、攻擊，他很了解那種感覺，不是很好，希望以後大話能夠不要再批評同業！」鄭弘儀如實轉告來賓這段話，從此以後大話新聞就很少指名某家媒體批判的情形出現，大多用比較隱晦和技巧的方式呈現。

另一次重大風波則是發生在 2010 年五都選前，當時民進黨氣勢正旺，尤其台中市極有可能擊敗尋求連任的胡志強。鄭弘儀選前去參加由前總統府資政辜寬敏籌組的「搶救台灣行動聯盟」第一百場演講，地點就在台中市干城公園。由於在那之前一段時間，大話正密集討論政府及各大專院校對中國來台留學生各種補助措施，相較於台灣大學生必須半工半讀才能完成

學業，實在有天壤之別。也許是在這種情緒的催化下，弘儀在台上演講，講到他經常去加油的加油站工讀生，上大夜班一個小時只有一百多塊時薪的時候，想到這種差別待遇，又心痛台灣小孩的辛苦，忍不住罵了一句「幹 X 娘」。

當天正好是星期天晚上，隔天所有媒體都以頭版或其他重要版面刊登這則新聞，電視新聞更是每個整點加上跑馬燈密集播放，彷彿這個人已經罪無可逭，必須處以極刑。以我對弘儀的了解，他是窮苦人家出生，靠自己不斷奮鬥才享有今天的成就，同情弱勢，為弱者打抱不平，一點都不令人意外，而且他整段演講其實是針對公共政策，不是針對個人，其實並無羞辱特定對象的意思。星期一上午，林崑海致電鄭弘儀，劈頭就說：「弘儀啊，你要挺住。」但張榮華的反應和海董完全不同，由於許多媒體都想採訪鄭弘儀，他本想開記者會公開道歉並說明。但張榮華認為，這是鄭弘儀的個人行為，與三立無關，所以並不贊成他在三立舉行記者會。

星期一是鄭弘儀另一個帶狀節目「新聞挖挖哇」的錄影時間，地點則是在年代電視台攝影棚。此時，年代總經理吳健強及時伸出援手，他主動告訴弘儀，應該開記者會公開說明，如果沒有場地，年代可以借他用。於是弘儀決定在年代電視台開記者會，不料，

消息曝光之後，張榮華又致電鄭弘儀，認為他是三立的主持人，記者會還是到三立開比較好，最後弘儀只好又回到三立一樓開記者會。

　　記者會後事件仍然餘波盪漾，連續超過一個禮拜對鄭弘儀無情的批評，我們在節目中卻又被交代「要低調處理，不能還擊」。有一天何博文終於受不了，在節目中針對一個相關報導拍桌怒罵，「你要戰，就來戰」。結果第二天弘儀就接到高層的指示，「以後要何博文不必來了」。弘儀當然無法接受，不過，他用很技巧的方式處理，他只讓何博文當天休息，他的說法是：「上面只告訴我何博文不要來，又沒說多久」，這樣也算是對高層有交代了。

| 第十一章 |

政權輪替，
大話面臨轉向。

　　在台灣，政論節目的宿命就是，明明應該超越政黨扮演第四權監督的角色，但經常有意無意會受到政治局勢影響，不論是收視率還是節目走向皆然。這是台灣民主政治還未走出威權的陰影所致，也是公民意識仍不夠成熟的投射。

　　2008 年 3 月總統大選及稍早的立法委員選舉，兩項選舉民進黨都慘敗，由於不論是一年前的黨內初選，或是總統大選，林崑海及三立新聞都力挺謝長廷，選舉結果不如人意，也使得大話新聞方向面臨改弦易轍的壓力。馬英九五二〇就職不久後，平面媒體刊登一則「大話新聞轉向」的新聞，內容提到，因為民進黨敗選，挺綠色彩明顯的三立，不容易拿到政府標案，於是決定調整方向，先從來賓著手，以後將找一些政治色彩不同的來賓上節目，還點名了幾位泛藍色彩的

政治評論員。而且爲了方便就近「監督」，連正在中國忙於事業的浩達傳播老闆周光浩都專程返台，進攝影棚督軍（當時大話新聞還是外製節目，由浩達傳播公司製作）。

　　這項消息經過求證之後確實爲眞，但因爲報導沒有引述消息來源，所以無從得知是誰主動對媒體放話。不過，從 2008 年之後，到大話新聞停播爲止，類似的情況經常發生，有時候媒體得知消息的速度，都比製作單位及主持人還要快，包括大話停播在內。按理說，三立如果要對大話進行任何改變，第一個告知溝通的對象應該是製作單位及主持人，可是好幾次都是媒體比他們更早得知消息，究竟是有人走漏風聲？還是刻意放話？至今仍然是個謎。

　　後來，大話新聞並沒有調整來賓，而我也從來沒在攝影棚看過周光浩。主要原因是 2008 年 5 月 27 日，馬政府宣布凍漲多時的汽、柴油價格一次漲足，引起非常大的民怨反彈，接下來又發生三聚氰胺毒奶粉事件、全球金融風暴及新流感等一連串天災人禍，調整之議後來也就不了了之。不過，我和鄭弘儀心裡都非常清楚，好日子不多了，接下來會有更多無法控制的因素直接或間接影響大話新聞。果然，從那一刻起，一直到停播爲止，每隔一段時間就會有媒體報導「大話轉向」或是「鄭弘儀請辭」之類的新聞，次數已經多到我都記不清楚了。

| 第十二章 |
林崑海力阻前進中國

　　經營一家電視台，每個月的固定支出簡直是天文數字，而有線電視台最主要收入，除了頻道上架費（系統業者付給電視台）、海外節目版權費以外，就是廣告收入。第一項收入不受景氣影響，較為固定，但後兩者會隨著經濟情勢上下起伏。廣告收入又分為兩大來源：一般廠商託播的商業廣告及政府標案（政府廣告，大都以置入性行銷方式進行）。景氣好的時候，商業廣告收入足以因應支出，甚至還有結餘；但景氣不好的時候，廠商撙節支出一定先砍廣告預算，此時，政府標案就成為電視台最主要的收入。

　　馬政府上台後，雖然在 2008 年五二○就職演說中，一再強調不會對媒體進行置入性行銷，馬英九、蕭萬長甚至在當選後就職前的 4 月 16 日，前往「台灣新聞記者協會」，親筆簽下反置入性行銷宣言。但馬政府的置入性行銷卻是有史以來最嚴重的，導致後來

在該人權宣言具體主張的第一項中，我們即承諾：「政府不得進行含有政治目的的置入性行銷；不得從事含有政治目的的政令宣導；政府廣告預算應建立公平合理的分配機制，不得偏好具有特定政治立場媒體，徹底落實黨政軍退出媒體。」

馬英九、蕭萬長於就職總統、副總統後，將責成行政院落實該項政見，也歡迎媒體朋友與社會各界一起監督政府，為改善媒體環境一起努力。

附函檢附〈新世紀台灣人權宣言〉，尚祈指正。

順頌

時祺

馬英九 蕭萬長
（馬英九、蕭萬長）

97.4.16.

白紙黑字，比不上空嘴哺舌

2010 年底，中時報系記者黃哲斌辭職以示抗議。在傳播學者及社會嚴重反彈聲中，立法院修法禁止政府再進行置入性行銷。

　　2008 年美國雷曼兄弟因為次級房貸倒閉，進而引發全球金融風暴，台灣也深受其害，一直到 2009 年底都沒有復甦。三立因為挺綠色彩濃厚，本來要拿政府標案就很困難，商業廣告收入又只剩下以前的一半左右，身為經營者必須設法解決困境，於是張榮華把腦筋動到對岸去了。

　　中國特殊封閉的經濟體質與外匯管制，讓她幸運躲過了全球金融風暴，仍然維持兩位數經濟成長。加上馬政府親中政策、簽署 ECFA（兩岸經濟合作架構協議）、兩岸三通等「利多」催化下，讓很多台灣人對中國存在不切實際的幻想，以為「前（錢）進中國」，一切問題就可以迎刃而解。

　　三立第一部前進中國的戲劇節目，應該是 2003 年 1 月在包括北京電視台等一百多個電視台播出的自製偶像劇「薰衣草」，當時在中國引發一陣台灣偶像劇熱潮。2004 年 5 月，三立再接再厲，又在上海電視台、四川電視台及廣東電視台等中國主要電視台推出偶像劇「MVP 情人」，同樣引起熱烈迴響。從此，三立自製偶像劇在中國奠定很好的基礎與口碑，而這些都是發生在民進黨執政時代。

　　既然台灣經濟情況遲未好轉，張榮華於是想到中國去另闢財源，維持甚至擴大三立的盈收，純粹就在商言商的角度而言，他這個想法並沒有錯，生意人本

來就是哪裡有錢去哪裡賺。但因為台灣與中國特殊的關係，加上三立長期塑造出來的挺綠形象，有好幾部戲都卡在中國廣電總局，一直審核不下來，讓張榮華急得如熱鍋上的螞蟻。好幾次張榮華想要有大動作「加碼」以博取中國官方信任，都被林崑海擋下，兩人還因此有一陣子鬧得不太愉快。

不過，三立對前進中國市場仍然做了許多努力。例如，2009年總經理張榮華參加台灣媒體高層訪問團，在海基會董事長江丙坤率領下，高調訪問中國，格外引人注意。根據財訊雜誌報導，張榮華透過中間人牽線，到北京和中國領導高層吃飯，對方還提出「不妨請海董跟鄭弘儀到中國來玩玩，認識祖國……」（財訊雜誌，三九九期），據了解，說這番話的不是別人，正是中國國務院對台辦公室主任王毅。日前江丙坤生日的時候，張榮華也在場坐陪好幾個小時，這對很少參加應酬的他來說，是很特殊的事情。

雖然經過這麼多不同管道努力，但偶像劇前進中國還是四處碰壁，每次張榮華只要一提起前進中國的事情，林崑海總是說：「三立是靠台灣本土起家，如果賺錢之後，到中國去了，不管台灣了，怎麼對得起台灣人」，「而且台灣的錢都賺不完了，何必這麼辛苦跑到中國去賺錢」。事實上，雖然歷經景氣低迷，但三立那幾年還是賺錢，只是賺得比較少而已，而且

三立負債比很低，沒有高風險的投資，獲利大多投資
在不動產，並沒有資金周轉危機，林崑海的想法並沒
有錯。在海董心目中，以前到中國賣偶像劇只是賺外
快，但如果大規模前進中國，甚至棄台灣市場於不顧，
這是他無法接受的事情。在他心目中，確保三立經營
自主權，是比任何事都重要的。

| 第十三章 |

林崑海力保三立
不受外力影響

　　說到確保三立經營自主權，海董可是曾經付出很
高的代價。

　　2007 年底，媒體突然傳出國民黨立委蔡正元有意
收購三立電視台百分之十七股權的消息，雖然持股比
例還不足以影響董事會，但由於當時正逢總統選前，
這項消息引起極大震撼。原來雖然三立大多數股權都
集中在林崑海、張秀及張榮華手中，但十多年前為了
集資購買土地並興建位於內湖的新大樓，曾將部份股
權出售變現，後來這些股票被香港 Excelsior Capital 基
金公司買入。經過多年努力，由於三立營收好，股價
當然也就水漲船高，Excelsior Capital 公司見有利可圖，
想出售手中三立股票獲利了結。蔡正元見有機可趁，
於是居中仲介，引介一家「美商」與該公司接洽，表

達承購意願。不過，當時政壇傳言四起，大多認為蔡正元口中這家「美商」，目的並不單純，甚至有人懷疑是某政黨透過白手套購買三立股票，意圖達到控制三立的目的。

林崑海得知這項消息之後非常緊張，雖然他表現得若無其事，但心裡一百個不願意外力有任何機會影響三立經營自主權。百分之十七股權雖然不足以改變董事會結構，但也夠指派一席董事，到時候只要這個董事在會中經常「技術性杯葛」，海董就不堪其擾。於是，他私下開始積極籌錢，由於 Excelsior Capital 公司也看準了奇貨可居，所以開出的價錢比市價高出許多。經過幾番折衝，終於在 2008 年初，林崑海以每股六十五元價格，買回 Excelsior Capital 公司手中全部百分之十七股權，一共花了十三億元，而當年三立出售的價格是每股三十五元，等於海董幾乎多付了一倍的金額，才確保股權不落入他人之手。

另外一件事也可看出林崑海的堅持。

2010 年中，正逢首次五都選舉前，當時政治局勢對民進黨相當有利，極有可能一舉拿下三都，如果民進黨攻下三都，勢必對馬英九爭取 2012 年連任形成極大威脅。某一天，某位政黨高層人士找上林崑海，表示願意出一億元以上的天價，向三立購買大話新聞周一到周五每天兩個小時時段，一直到五都選舉結束。

這期間仍然維持政論節目形態,但來賓、主持人及討論議題由他們決定。面對這麼優渥的條件,海董不假思索就回絕了,事後他說:「我如果連這種錢也賺,以後怎麼對得起台灣人,以後大話新聞還會有人看嗎?」

從這兩件事可以看出,林崑海非常堅持三立電視台的經營自主權,不應受到外力干預。他雖然是個生意人,但不是什麼錢都賺,謹守君子愛財,取之有道的原則。這就讓我更無法理解,如果真如外界所說,三立為了賣戲劇節目到中國,而撤換鄭弘儀,這是否也是另一種形式的外力介入呢?

| 第十四章 |

中國勢力積極介入
台灣媒體

　　美國自由之家是由前總統羅斯福夫人所創辦，每年配合 5 月 3 日「世界新聞日」，都會公布世界各國的新聞自由度排名，以做為改進的參考指標。在民進黨執政時代，從 2006 年排名全球三十五名，進步為 2007 年三十三名，2008 年（5 月 20 日總統交接，自由之家是 5 月初公布，所以仍是民進黨執政）則來到歷史新高第三十二名。

　　但馬政府上台之後，排名節節倒退，2009 年一口氣退步十一名，掉到全球四十三名，2010 年第四十七名，2011 年四十八名，2012 年雖然回升至四十七名，但仍與民進黨時期有不小的差距。

　　其中自由之家在 2010 年的評比報告中指出，政府進行置入性行銷並以政治力介入公營媒體，如公廣集

團及中央通訊社；以及旺旺集團入主的中時集團（旗下擁有中視、中天兩家電子媒體，及中國時報、時報周刊兩家平面媒體），自由之家認為，因為媒體老闆（指蔡衍明）在中國擁有龐大商業利益，導致該集團編輯政策轉向，緩和對馬英九及北京政權的批評，使自由之家憂慮「中國政府可能直接或間接影響台灣言論自由」。

這份報告早在兩年前就點出台灣媒體面對中國的時候，是有可能基於商業利益考量，而進行自我言論審查，在心中畫下紅線。其實旺中集團只不過是敲鑼打鼓明著做而已，私底下台灣大多數媒體對中國相關報導的編輯檯政策，和旺中集團也相去不遠。因為中國的力量早已不著痕跡侵入台灣媒體高層當中，這也是多數關心台灣新聞自由人士的盲點。

中國力量以兩種方式入侵台灣媒體：一是大國崛起後引發的「中華民族意識」，這必須有認同中國的意識形態為基礎；另一種方式則是純粹的商業利益。中宣部、統戰部、國台辦莫不將這兩種方式純熟交互運用，中國政府甚至編列預算「收買台灣媒體」，近年來已經得到相當不錯的成效。從這幾年來台灣媒體高層絡繹不絕地前往中國「考察新聞」（到一個沒有新聞自由的國家考察新聞，這真是天大的笑話）；以及國內主要平面媒體，除了自由與蘋果外，其他鮮少見到

中國的負面新聞等現象，就可以得到印證。

　　近年來藍綠不同立場電視台的政論節目，對馬政府的批評或辯護也許有不同立場，但對中國的態度卻令人意外地大同小異，「儘量不要批評中國」、「少談台獨、藏獨、疆獨和法輪功」、「六四天安門事件最好也別提」，似乎已經成為多數台灣媒體編輯政策的「紅線」。前一陣子，法輪功成員新竹科學園區高階主管鍾鼎邦到中國探親，卻被公安以「國家安全」理由拘禁五十四天，台灣卻幾乎沒有一家電子媒體報導、聲援。這種「媒體芬蘭化」[1]的現象，在馬英九連任之後更為明顯。

　　似乎中共政權經過多年統戰，已經體會到「買台灣比打台灣更容易，也更便宜」的道理，不斷以商業利益引誘台灣企業、媒體甚至政界人士。在旺中併購中嘉系統台被 NCC 有條件通過之後，中國基本上已經搞定台灣的電視台（下一章會詳述系統台的影響力），

---

1. 「芬蘭化」指的是一個弱小的國家近乎無底線的聽命於強大的鄰國的政策決定，此語最早出現於 1960 年代後期的西德，為當時西德的保守派批評重視與共產主義諸國對話的時任西德總理勃蘭特時所新造的詞。芬蘭因為鄰近蘇聯與德國兩個大國，二次世界大戰時輪流受到兩國軍事侵略。於是 1948 年與蘇聯簽訂了互助條約。芬蘭保持中立的外交路線，維持獨立及議會民主制度和資本主義經濟，但在國際事務上，芬蘭事實上經常站在蘇聯陣營。大眾媒體也進行了自我審查，避免出現批評蘇聯及共產主義的言論，這種情形一直到蘇聯解體與芬蘭加入歐盟之後才結束。

下一步就是向廣播電台下手。中國的統戰技術的確愈來愈高明，套句中國國家主席胡錦濤的說法，「軟的更軟，硬的更硬」，至少在對付三立大話新聞這件事上，就發揮得淋漓盡致。

三立想到中國賺錢，而中國也想攻下這個「深綠電視台」，雙方有合作的基礎。北京領導階層對大話新聞的「關心」程度，遠超乎台灣人的想像。據了解，中南海當局負責對台工作的人員，每天晚上九點到十一點都準時「監看」大話新聞，因為大話新聞主持人與來賓發言夾雜國、台語，所以中南海還特別調派聽得懂台語的人負責監看。

據可靠消息來源透露，2012 總統大選選前及選後，三立都有派人到北京與高層繼續磋商戲劇事宜，對方此時已經失去耐心了，一再暗示必須「處理大話新聞」，北京方面說：「你一直要我們讓你賺錢，你們自己都不處理，要怎麼讓你賺錢呢？」然而，這件事情林崑海事前並不知情，當他知道之後，還打電話給張榮華，雙方在電話中鬧得非常不愉快。

三立最後決定停播大話新聞，無法確定是否與這兩次會面有關，但「羅馬不是一天造成的」，如果不是台灣長期經濟不景氣，媒體生存不易，北京的利誘攻勢也不會奏效。但換個角度想，如果大話停播的確

是因為北京施壓，無形中又把大話新聞的價值提高好
幾倍，一個政論節目能做到讓一個大國政府不惜動用
資源，只求停播，對大話新聞來說，這也是另一種形
式的肯定。

| 第十五章 |

台灣媒體言論
日趨一元化

2012 年 5 月 28 日，大話新聞停播前三天，蘋果日報的「老總手記」單元刊登一篇文章：「這次鄭弘儀 下次誰」，這是少數直接點出問題本質的評論。蘋果日報的總編輯馬維敏寫道：「當『中國因素』等政治力量可以決定一個主持人的去留與節目走向，下一個遭殃的會是哪個人？哪個節目？」「將來政論節目的主持人、討論的議題、參加的來賓，名單由誰決定？是收視率？是擔心偶像劇、綜藝節目不能賣到中國市場的電視台老闆？還是索性直接請對岸『老大哥』批示？」這段話直接點出未來台灣媒體的隱憂，如果在商言商，收視率決定一個節目存廢，除非決策者有把握可以「失之東隅，收之桑榆」，否則怎麼會違反商業準則呢？

　　這篇文章最後寫道：「台灣媒體競爭激烈，意識形態的歧異與商業利益爭奪，使得言論市場百花齊放，可是當政治力量開始介入，媒體與媒體人就該高度警覺，更恐怖的警總回來了。」更恐怖的警總真的回來了嗎？這絕對不是危言聳聽，因為政治力量，特別是覬覦台灣已久的中國力量，已經透過各種管道登堂入室，不僅媒體界沒有提高警覺，一般閱聽大眾更是渾然不知。

　　2012 年 7 月 31 日，北台灣正受到蘇拉颱風外圍環流影響，不時降下傾盆大雨伴隨著強陣風，但這些都不足以抵擋七百位年輕學生的憤怒之火。他們齊集台北市內湖區民權東路中天電視台門口，抗議 NCC（國家通訊傳播委員會）日前有條件通過旺中併購中嘉有線電視系統案，而最令他們無法忍受的是，旺中集團連日來動員旗下媒體對學者及大學生所做的無情追殺，已經不合乎比例原則，大有「順我者昌，逆我者亡」的霸氣。七百人在風雨中舉著「我是學生，我反旺中」、「你很大，我很怕」的標語，大聲喊出心中的不滿與憤怒。

　　這場活動是台灣近年來針對媒體改革罕見的大規模群眾活動，本應該是當日重點新聞，然而包括東森、年代、民視和三立等四家電視台，卻完全沒有報導，彷彿 7 月 31 日當天根本沒有發生這件事情。其實，不

年輕學生的怒火

　　只是 7 月 31 日的學生抗議活動被置若罔聞，旺中併購
中嘉事件在台灣已經經歷一年多時間，這段期間，幾
乎全數電視台都噤聲（除了壹電視以外），新聞沒有報
導，政論節目也不討論，數百位學者連署反旺中被當
作空氣。前任澄社社長、中央研究院法律研究所副研
究員黃國昌感慨地說：「下午開記者會的時候，明明

看到十幾台攝影機在拍，而且很認真地拍，記者也問
了許多問題，一點都不像敷衍了事，但晚上看電視，
搖控器轉來轉去，就是看不到下午記者會的新聞。」

電視台不願也不敢報導旺中併購中嘉的新聞，是
因為大家都怕蔡衍明，而且多數電視台老闆都認為

「你好大，我不怕！」

NCC 最終會通過這個案子，所以寒蟬效應提早發酵。
因為旺中併購中嘉之後，掌握全台灣百分之二十七有
線電視收視戶，每家電視台老闆都害怕如果得罪蔡衍
明，將來旺中壟斷有線電視市場會先拿自己開刀，所

「警告！旺旺違法」

以全數噤聲。有一家電視台老闆自己也是系統台業者，他深深了解系統台的影響力，所以對旺中併購中嘉一事，雖然期期以為不可，但又敢怒不敢言，只能私下拜託立法委員，或是其他在廣播電台主持節目的主持人，一定要力阻此案，甚至主動提供許多業內才有的資料，但在他自己經營的電視台所有時段節目，一樣是隻字不提。

　　甚至在蔡衍明接受世界知名報紙美國「華盛頓郵報」專訪時，說出「關於六四天安門事件的屠殺報導不是真的」、「中國在許多地方是很民主的」這種違反人權普世價值的驚人言論之後，也沒有一家電視台敢提出批判。我還記得蔡衍明接受訪問是 2012 年春節期間，過完年後，三立高層立即傳達「不要批評蔡衍明言論」的指令，讓我相當意外。這不禁讓我想到，二次世界大戰時，納粹黨以慘無人道手段屠殺猶太人時，也一樣無人聞問，所以馬丁·尼莫拉牧師後來在納粹屠殺紀念碑上，以無比懺悔的心情寫下這首詩：

　　　起初他們（德國納粹黨）追殺共產主義者，
　　　我不是共產主義者，我不說話；

　　　接著他們追殺猶太人，
　　　我不是猶太人，我不說話；

後來他們追殺工會成員，
我不是工會成員，我繼續不說話；

此後他們追殺天主教徒，
我不是天主教徒，我還是不說話；

最後，他們奔向我來，
再也沒有人站起來為我說話。

旺中併購中嘉案，看似不過是資本主義下的單純商業行為，但背後卻有揮之不去的巨大黑手，那就是中國勢力。這個宛如佛地魔般的影舞者，讓台灣多數電視台老闆噤聲，讓馬政府不顧社會強烈反對聲浪，通過併購案。如果閱聽人再不說話，將來真的再也沒有人幫你說話了。

| 第十六章 |

媒體巨獸有多可怕

　　旺中集團併購中嘉有線電視系統如果是一件單純的商業行為，為何這麼多傳播、法律、經濟學者要出聲反對，難道他們不知道資本主義社會的遊戲規則？如此大規模反對，豈不侵犯蔡衍明的人權嗎？其實，世界各國對於媒體併購都有一套特殊的遊戲規則，有時候並不適用自由買賣的通則。舉例來說，全球知名的媒體大享梅鐸，幾年前想入主美國福斯（FOX）電視網，但美國法律並不容許「外國人」擁有美國媒體，梅鐸為了得償宿願，只好放棄澳大利亞國籍，歸化美國籍，這項交易才得到美國聯邦通訊傳播委員會（FCC）同意。

　　數月前，梅鐸旗下的英國媒體「世界新聞報」捲入竊聽醜聞，梅鐸本人必須親自出席英國下議院組成的「大眾文化、媒體及體育委員會」接受調查，旗下龐大的媒體集團被迫一分為二，「世界新聞報」關

門大吉。委員會調查報告直指梅鐸「沒有資格擁有跨國媒體集團」，也迫使梅鐸可能必須出售手中百分之三十九點一英國天空廣播公司（BSkyB）的股權（在竊聽風暴曝光前，梅鐸本打算以八十億英磅，約四千億台幣，買下 BSkyB 剩餘全部股權）。

縱然是最講究人權的美國，與全世界最老牌民主國家英國，對於大眾傳播媒體的交易、併購及行為，都有比一般商業行為更嚴格的管理辦法，因為媒體被西方國家視為行政、立法、司法以外的第四權，雖然沒有公權力，但卻擁有比公權力更大的社會影響力，它的影響力無遠弗屆，甚至會造成社會、國家重大安全問題。美國知名報人普立茲曾經這樣定位媒體的角色。他說：「如果國家是一艘船，則媒體就是船上的瞭望員，媒體主要的任務就是守望。」但如果有一天媒體不再守望，反而忽視前面有冰山存在，不適時發出警告，或是故意指引航向危險，那國家這艘船就會航向危險之路而不自覺。

美國在 1996 年大幅放寬媒體所有權管制，造成大量媒體併購，根據學者 McChesney 在 2004 年的研究顯示，媒體集中度增加所造成的結果就是，新聞品質下降，弱勢服務變少，地方新聞大幅減少[1]。

美國著名憲法學者 Edwin Baker 在 2009 年所著《媒體集中和民主：為何媒介所有權影響重大》一書中也

指出，媒體不可過度集中有三個理由：第一，要維持
民主制度健全，任何權力都必須分散多樣，媒體也不
例外。第二，媒體所有權分散才能有效監督政府，避
免權力濫用。第三，大型媒體企業必然過度重視獲利，
往往犧牲新聞品質和公民的真正需要[2]。

　　以這次旺中併購中嘉為例，大多數媒體噤聲不語，
低調處理，導致台灣多數人民無法獲得充分資訊，對
整個併購案仍不了解，甚至對併購後所產生的影響，
自己的權益會受到什麼損失？台灣的言論自由又會到
怎樣萬劫不復的地步？都懵懵懂懂。若不是旺中集團
「失心瘋」，對一位學者黃國昌和一位大學生陳為廷
窮追猛打，犯了眾怒，整起事件才引起社會重視。由
此可見，旺中尚未併購中嘉，媒體霸權心態就已經毫
不遮掩，一旦掌握全台灣近三成有線電視收視戶之後，
民眾還有選擇權可言嗎？

1. 林惠玲、林麗雲、洪貞玲、張錦華、黃國昌、鄭秀玲著，「拒絕媒體
　 酷斯拉！WHY？12個Q&A」。
2. 同上註。

| 第十七章 |

決定看哪台的，
不是你,是系統業者。

　　大多數人在家看電視的習慣，一定是手上拿著電視搖控器，隨心所欲地轉台，喜歡的就看，不喜歡就轉到別台。但是你知道嗎？旺中併購中嘉之後，決定你家電視看哪一台的，將不再是你手中的搖控器，而是在遙遠另一端的大老闆，甚至是更遠的對岸。

　　台灣因爲地狹人稠，有線電視系統普及率高達八成以上，在全球首屈一指。但是長期以來國人對於系統業者提供的頻道節目內容卻普遍不滿，不僅重播率偏高，連自製節目也乏善可陳。台灣目前有兩百多個頻道，但受限於類比有線電視系統負載容量，只有一百多個頻道可以上架，也就是說在你家電視機裡面只能看到一百多個頻道，那其他的頻道怎麼辦呢？只好各憑本事，打通關係，看是否能勉強擠進一百台以後的頻道，因爲有線電視頻寬技術關係，通常這些頻

道收視品質不佳，被俗稱爲「雪花台」。但能上架已經是不幸中的大幸了，也許尙有一絲生存空間，其他未能順利上架的頻道，大多最後只有關門大吉的命運。

香港傳媒大亨黎智英在台灣打響壹周刊及蘋果日報之後，決心進軍電子媒體，花重金投資「壹電視」，是國內第一家全程以高畫質播出的電視頻道，但成立兩年多來，因爲始終無法上架，面臨慘賠的命運。最後只能將壹傳媒旗下的蘋果日報、壹周刊、爽報及壹電視打包出售，黯然離開台灣。對電視台而言，無法上架就測不到收視率，沒有收視率就不會有託播廣告，沒有廣告，電視台就沒有收入，就連黎智英這等媒體梟雄也挺不住。

是誰能夠決定哪些頻道上架？哪些又不能上架呢？當然就是掌握生殺大權的系統業者，也就是每個月固定向收視戶收五百到六百元不等收視費的老闆們。因爲系統業者可以透過上架費、頻道位置、換約及其他各式各樣的繁瑣技術問題，影響或刁難希望爭取上架的頻道業者。試想，如果一家公司生產的產品不論品質、價格都非常有競爭力，但卻沒有通路可以銷售，也就是一般消費者在市場上根本買不到該公司商品，這家公司最後只有面臨倒閉的命運，頻道業者在這種市場壟斷的情形下，又豈敢不看系統業者的臉色呢？

　　構成有線電視系統除了系統業者之外，還有頻道業者，頻道業者又分為兩種，一種是代理商，例如代理 HBO、Discovery 等國外頻道，另一種則是自己就擁有頻道，例如三立、TVBS 及五家無線電視台都可以視為頻道業者。如果有一家業者，本身擁有電視台、代理頻道又有系統台，那可謂集所有資源於一身，成為不折不扣的媒體巨獸。旺中集團的主要股東有蔡衍明與王令麟，在併購中嘉之前，蔡王兩人已分別擁有電視台、報紙、雜誌，一旦併購中嘉，將成為擁有一百一十八萬收視戶的系統台，佔全台全部有線電視收視戶的百分之二十七點一三，同時又具有頻道代理權，這種垂直與水平整合，不僅在台灣前所未聞，在全球也甚為罕見。

　　有關旺中併購中嘉之後的市場佔有率，詳見下頁表格。

　　根據經濟學者依照旺中併購案的公開資料計算，旺中併購中嘉之後，在台灣媒體的 KEK 值高達百分之一百四十，發明 KEK 值的德國政府，通常只要超過百分之三十就會駁回媒體併購案。[1]了解旺中併購中嘉之

---

1. KEK 是德國媒體集中調查委員會（German Communication on Concentration in the Media）的簡稱，這個委員會專門負責調查媒體併購審查，最主要的目的就是要維持「媒體所有權多元性」，避免媒體集中少數人手中。

媒體市場		擁有媒體資源		市佔率(%)
無線電視	中視	中視主和次頻道共三頻道		19.15
有線電視	中天集團	中天新聞台		23.56
		中天綜合台		
		中天娛樂台		
	東森集團	東森新聞台	東森洋片台	
		東森綜合台	東森 YOYO 台	
		東森戲劇台	東森財經新聞	
		東森電影台	超視	
頻道代理	全球數位多媒體股份有限公司：8 個頻道 （八大集團共 4 台、TVBS 共 3 台、Discovery）			24.72
	凱擘公司委託詠麒公司代理銷售：6 個頻道（緯來家族）			
購物頻道	東森集團	ULife 5 台		35.71
網際網路	中時電子報			9.00
報紙	中時集團	中國時報		7.01
		工商日報		
雜誌	中時集團	時報周刊		3.56
		愛女生		
有線電視系統	中嘉 11 家系統業者	吉隆（基隆）*	96,601(戶)	27.13
		麗冠（台北市內湖區）	58,537	
		長德（台北市中山區）	74,457	
		萬象（台北市大安）	60,511	
		新視波（新北市中和）	142,332	
		家和（新北市樹林）*	91,264	
		北健（桃園縣北區）	120,887	
		三冠王（台南市南區）*	105,620	
		慶聯（高雄市北區）	197,246	
		港都（高雄市南區）	138,634	
		雙子星（台南市北區）	96,268	
	獨立 3 家系統業者	新永安（台南市永康）*	136,762	
		聯維（台北市萬華區）	49,382	
		寶福（台北市萬華區）	17,612	

資料來源：「拒絕媒體酷斯拉！WHY？12 個 Q&A」

後的市場佔有率及媒體影響力，就不難理解，爲何當學界、社運人士及學生大聲疾呼之際，主流媒體仍然一片沈寂的原因了。因爲沒有一家電視台老闆想當領頭羊，萬一蔡老闆不高興，全台灣可能就有超過四分之一收視戶會看不到這家電視台，誰敢冒這種風險呢？也許將來有一天，決定要看哪一個頻道，不再是你手中的搖控器，而是併購中嘉之後的媒體超級酷斯拉旺中集團老闆蔡衍明，甚至是海峽對岸的黑手。

　　壹電視就是一個最好的例證。2011 年 7 月 20 日 NCC 通過壹電視的申請案，此後黎智英一直積極布局將新聞台與綜合台兩個頻道在全台各系統台上架，原本進行得相當順利，和多家系統業者達成協議，有的希望代理壹電視頻道，有的甚至主動要求簽三年長約。但就在宣布前夕，中嘉系統台卻突然通知壹電視「無法上架了」，理由是「旺中併購中嘉案尚未完成」，所以暫時無法讓壹電視上架。但這個原因並不合理，因爲旺中併購中嘉案早在 2011 年 7 月 20 日以前就著手進行了，如果是這個原因，中嘉當初何必和壹電視洽談上架事宜呢？

　　壹電視發言人張修哲於 2012 年 7 月 10 日接受「新頭殼」訪問時首度證實，中嘉擋下壹電視上架，是因爲對岸知道壹電視要上架了，要蔡衍明出來擋。所以原本已經談好的方案，卻因爲遠在北京一隻看不見的

手，導致全台灣收視戶在有線電視系統幾乎都看不到
壹電視頻道，只能透過機上盒收看。這不正是蔡衍明
和幕後藏鏡人決定你可以看哪一台的最好證明嗎？

| 第十八章 |

唱旺中國，唯命是從。

　　除了擔心媒體壟斷，讓日後台灣媒體變成一言堂之外，最令有識之士不放心的，還是旺中集團老闆蔡衍明經營媒體的適格性。因爲媒體有別於其他行業，所以世界各先進國家都對媒體擁有者的適格性嚴加審查。如前所述，梅鐸集團旗下「世界新聞報」因爲捲入竊聽風暴，導致原本已經到手的英國天空廣播公司股權付之東流，就是最明顯的例證，也絕對不會有人批評英國政府「管太多」。因爲英國民眾都了解，如果讓梅鐸擁有愈多媒體，將來勢必如脫韁野馬，爲所欲爲了。

　　蔡衍明是經營旺旺集團食品業起家，赴中國投資之後成爲鉅富，但他從未涉足媒體界，2008 年 11 月他卻在無預警情形下，火速買下中視、中天電視台及中國時報、工商時報、時報周刊，成爲台灣首屈一指

的媒體大亨。[1]這次交易震驚各界，當時有許多人懷疑蔡衍明的資金有中資色彩，但始終沒有確切證據。

不過，他入主後這四年來風波不斷，先是因為中國時報在 2009 年 12 月 26 日報導國民黨人士批評中國海協會會長陳雲林是「C 咖」後，總編輯夏珍遭到撤換。後來蔡衍明在接受「華盛頓郵報」專訪時也承認此事，他說：「這位被換掉的編輯雖然有天分，但卻讓這些人感覺被冒犯了。」事實上，蔡衍明入主中時、中天及中視之後，從不諱言要當傳聲筒，日前因無法忍受這種行事風格而離職的前中國時報國際新聞中心主任閻紀宇說：「中時的困境在於，老闆早已號令，不做鷹犬，乾脆收攤。」既然已經選擇「做鷹犬」，又如何能夠扮演好第四權的角色，這樣的老闆又怎能給他更大的權力呢？

但最讓有良心知識分子無法忍受的，還是 2012 年 1 月蔡衍明接受「華盛頓郵報」曾經獲得普立茲新聞獎資深記者安德魯‧希金斯（Andrew Higgins）專訪時，一連串為中國美化人權、六四事件等言論。他在專訪

---

1. 這樁交易成交非常突然，外界眾說紛紜。原本成交呼聲最高的是壹傳媒黎智英，但蔡衍明卻半途殺出，火速和原中時集團老闆余建新簽約，讓黎智英鎩羽而歸，外界盛傳是因為北京當局不願見到反共的黎智英入主中時集團及中天、中視，才「希望」蔡衍明出面購買。

中提到：「這名男子（擋坦克車者）沒被殺，顯示（六四天安門）大屠殺的報導非事實，我知道並不是真的有那麼多人死掉。」對於飽受國際批評的中國人權紀錄，蔡衍明也辯駁說：「中國在許多方面非常民主，很多事情都不是外人想像的那樣。」

前中國時報資深主編蔡其達曾公開指控：「過去一段時間『中時』的言論，六四事件、九二共識、達賴喇嘛等議題都不能碰，例如中研院社會學所副研究員吳介民曾投書談『九二共識的虛幻』，文章來了就被放著不用，噤若寒蟬的氣氛明顯。」蔡其達認為，「當心中的警總一旦形成，編輯自己就會篩選閃避」。他還直指蔡衍明是「財大氣粗的商人，不甩你們讀書人」，前東森集團總裁王令麟和蔡是好友，王的負面新聞就不能報導。香港女星關芝琳被報導和某富商交往，隔天富商打電話給蔡，「中國時報」就登道歉啟事。「中時言論墮落到什麼程度？」[2]

對於台灣與中國未來最終關係，他也不改統派色彩，極積鼓吹統一的好處，蔡衍明說：「台灣人應該有自信，關於統一，假使能讓台灣人過得更好，台灣與大陸為何不能把歷史放一邊，攜手合作？有些人卻

---

2. 請見 2012 年 5 月 7 日「蘋果日報」。

曲解這一點，把我說成賣台」、「不論你喜不喜歡，
統一是遲早的事。」這些言論讓知識分子再也按捺不
住，決定挺身抵制蔡衍明及旺中集團。

　　主張統一是蔡衍明的個人自由，他人不容置喙，
但是保障人權、尊重生命是人類文明社會的共同價值。
蔡衍明為了討好中國，竟然將慘絕人寰的「六四天安
門大屠殺」粉飾太平成這種地步，很難想像一旦讓他
掌握媒體大權，還會為極權中國說出什麼樣的話來。
現在只有蔡衍明旗下旺中集團美化中國，併購中嘉集
團之後，手握頻道上架生殺大權的蔡老闆，會不會以
上架為威脅，明示或暗示所有頻道業者也配合他的尺
度，全面為中國擦脂抹粉呢？恐怕誰也無法預料。除
了為中國宣傳，蔡衍明還扮演仲介商的角色，違反現
行法令，積極為中國省市訪問團媒介刊登廣告，相關
證據都被揭露在 2010 年 11 月監察院的調查報告中。
關於這點，蔡衍明的說法是：「為什麼不讓我們賺光
明正大的錢，為什麼要讓我們賺偷偷摸摸的錢？」「這
些廣告有害到台灣的安全問題嗎？我認為應該讓我們
賺這個錢。」

　　蔡衍明的種種言行在台灣社會已經引起極大反
彈，但是他的影響力無遠弗屆，背後又有中國撐腰，
媒體老闆基於市場考量（包括台灣及中國市場），大多
明哲保身，不敢直攖其鋒。如果有一天，超過四分之

一有線電視系統被蔡衍明掌握，是不是所有媒體都必須「唱旺中國」，成為傳聲筒才能生存下去？長此以往，中國根本無需動用武力，僅憑媒體宣傳洗腦就可以兵不血刃「收復」台灣了。

| 第十九章 |
可怕的漸漸

　　三立停播大話新聞背後是否為中國勢力作祟，只有待將來歷史解密。然而，台灣媒體開始屈服在中國商業利益之下，卻是不爭的事實。如果中國最後證實，他可以靠「錢」收買台灣媒體，進而影響台灣人民的思想，那又何必冒國際社會之大不韙出兵攻打呢？

　　知名作家也是醫師的侯文詠，多年前曾寫過一篇文章：「漸漸」，描述的是一個女性大學畢業生，如何到色情酒店上班，從開始單純擔任會計，漸漸到端盤子變成服務生，開始陪客人喝酒，最後陪客人出場從事色情交易。整個過程沒有強迫，都是「漸漸」發生的。侯文詠筆下的友人這樣說：「我從來沒有強迫過別人，也從來不擔心找不到小姐，反正這個環境慢慢會改變她們，直到她們根本忘記自己原來的想法和樣子。」

　　這種「漸漸」改變的力量之可怕，就是一般俗稱

的「溫水煮青蛙」，你如果把一隻青蛙放進滾燙的水裡，牠一定會立即跳出來逃命，但你若將牠放進溫水裡，青蛙不會立即查覺危險，此時再慢慢加熱，最後青蛙發現性命不保之際，就為時已晚。

北京政權對這套理論知之甚詳，早在十五年前香港回歸前就已經牛刀小試過了，而且成效卓著，現在不過是改良之後，移植到台灣罷了。香港 1997 年回歸中國，當時在中英談判緊鑼密鼓之際，香港居民開始惶恐不安。有能力者紛紛選擇移民外國，只剩下多數普羅大眾每天過著提心吊膽的日子，因為他們不知道 1997 年 7 月 1 日以後，香港會變成什麼樣子，現在享有的民主、資本主義社會能不能夠維繫？雖然當時中國國家領導人鄧小平早就承諾「舞照跳，馬照跑」、「五十年不變」，但香港居民對 1989 年發生的「天安門事件」仍記憶猶新，對中共政權仍然缺乏信心。

此時，開始有知識分子與評論員在媒體大聲疾呼，紛紛指出 1984 年簽署的「中英聯合聲明」諸多不合理之處，要求中國應該給予香港更高的自治權，甚至有人要求英國不應「放棄」香港，一時之間在香港社會引起廣大迴響。中共早在九七之前多年，就已經著手進行媒體宣傳布局，除了大力扶植親中派媒體之外，黨營通訊社新華社也已進駐香港。這些媒體當然不會坐視不理，開始和民主派人士打筆仗，不過，真理愈

辯愈明，親中派對六四事件很難自圓其說，無法得到
香港人民信任。

　　但是突然之間，多位民主派與反對派人士，紛紛
受到暴力攻擊，有人懷疑是中共政權唆使黑社會人士
進行攻擊，但治安機關最後也都不了了之。於是所有
民主派人士人人自危，終於導致最後再也沒有人敢出
面說話，這就是喧騰一時的「封麥事件」（「麥」指
的是麥克風，「封麥」代表不再發言），於是香港變成
一言堂，反對聲音只是在暗夜中發出微小的呼籲。中
共全面掌控香港言論，鄧小平終於在 7 月 1 日從末代
香港總督彭定康手中接過印信，香港正式回歸「祖國」
懷抱。

　　台灣和香港的情形不完全相同，但中共已經將這
一套媒體「香港經驗」在台灣複製。首先透過代理人
掌握台灣媒體，這些媒體先是儘量不批評中國，再則
進一步報導中國好的一面，積極美化。然後再利用龐
大中國市場誘因，吸引媒體高層以個人或公司名義前
往投資，只怕你不去，去了就不怕你不上鉤。加上近
年來台灣媒體經營大不易，基於現實考量，只好前進
「同文同種」的中國市場，開始嚐到甜頭之後，就鮮
少有媒體能夠不受左右全身而退。曾幾何時，六四、
藏獨、疆獨成了台灣媒體禁忌話題，更不關心中國的
人權紀錄，對諾貝爾和平獎得主劉曉波與藝術家艾未

未遭受的不人道待遇也乏人問津，一切都只「向錢看」。

但是這種榮景能維持多久呢？誰也說不準。以台商為例，1989 年六四事件之後，中國受到國際社會制裁，紛紛撤資，使改革開放之路遭受重大挫折。此時，台商大舉西進正好填補這個缺口，大量資金與人才適時撐起中國經濟。現在中國經濟發展了，成為全球外匯存底最多的國家，傳統製造業台商再也享受不到以前的尊榮待遇，只好開始撤離。原因很簡單，這些產業所需要的資金、技術現在中國都具備，台商當然就沒有利用價值了。接下來，科技業恐怕也會面臨相同的命運。

台灣也有許多藝人前往中國發展，不論開演唱會或是主持綜藝節目都受到觀眾熱情歡迎，每年一度的「春晚」（春節晚會）主持工作，以往幾乎都由台灣主持人擔綱。但現在中國經濟發展之後，開始發展娛樂事業，內部出現「多栽培本國藝人」的聲音。所以有一陣子，中國廣電總局下令，非中國籍主持人不得出現在全國性電視頻道中，完全就是針對台灣藝人而來。還有一位台灣主持人已經赴中國發展多年，成績不惡，所屬電視台接到這個命令之後，節目已經錄好，來不及重錄，只好在播出的時候，將這位主持人臉部打上「馬賽克」因應。他的台灣朋友看到之後，還笑

說「ＸＸ，你騎的那匹馬臉都比你的臉還清楚」。

　　同樣的道理，現在台灣的電視戲劇節目對中國觀眾而言新鮮感十足，但假以時日之後，會不會遭遇和台商、節目主持人同樣的對待，誰也不敢保證。一旦北京政權體會到只要用商業利益就可以影響台灣媒體走向，特別是政治新聞與談話性節目的方向，那必然會食髓知味，加碼演出。台灣人民「漸漸地」開始接受中國價值，忘卻原本的民主、自由、人權、法治，取而代之的是歌功頌德式的保守封建思維，等到驚覺一切都改變了，台灣距離中國也不遠了。知名部落客也是大學教授的酥餅認為，「馬政府換掉鄭弘儀是為了加強言論控制」，這是馬政府邁向統一拼圖當中的一塊。豐子愷曾經說過：「使人生圓滑進行的微妙要素，莫如『漸』，造物主騙人的手段，也莫如『漸』。」北京政權試圖控制台灣的手段，不也正是這個「漸」字嗎？

　　美國太空人阿姆斯壯登陸月球時說了一句名言：「這是我的一小步，但卻是人類的一大步。」同樣地，停播大話新聞只是三立的一小步，但極有可能是台灣媒體，甚至整體台灣社會的一大步。

第 二 篇

我的大話人生

| 第一章 |

我所知道的鄭弘儀

決定一個政論節目是否受歡迎的因素很多，大話新聞開播十年，幾乎有一半，大約五至六年時間，每天高居有線電視收視率排行榜前十名，這是和全國每天幾百個有線電視比拚，而不是只和「同類型」節目評比的結果。對一個政論節目而言，這是非常難能可貴的成果。當然，決定一個節目成敗絕非單一因素，整個製作團隊、來賓、電視台支援及主持人和議題選擇都會影響節目成敗，以大話新聞而言，主持人鄭弘儀絕對扮演最關鍵的角色，如果不是他的堅持、情義相挺、抗壓性，大話絕對不會交出如此亮麗的成績單，也不會在停播之後，還受人尊重及懷念。

鄭弘儀是嘉義縣水上鄉人，家裡有七個兄弟姐妹，他排行老么，父母親務農維生。他屬牛，可能和生肖有關，他有一股牛脾氣，從不認輸，也正因為這種性格，他才可以從一個鄉下窮小孩，默默無聞一無所有，

靠自己的努力到擁有政治大學 EMBA 碩士學位，最多的時候，一天主持四個帶狀節目（分別是廣播節目「財經起床號」，電視帶狀節目「大話新聞」、「新聞挖挖哇」及「黃金七秒半」），廣告代言更是不計其數。由於他事業上的成就，和對罹患罕見疾病妻子的不離不棄，還曾經在 2004 年被女性上班族票選為「十大理想老公」第一名，對於這項殊榮，鄭弘儀倒是幽默以對地說：「我還經常被誤認為金城武呢！」

鄭弘儀高中就讀嘉義高工，畢業後負笈北上半工半讀，一邊擔任送貨員，一邊就讀亞東工專製衣科，到現在他還保留當年第一件學會打版做成的衣服。畢業之後，先後進入台灣新生報、中時晚報擔任記者，離開中晚和弘儀的個性也有關係。當時他主跑財經，官拜採訪中心副主任，結果有一年年終考績被打乙等。當時他心裡認為，「我是一個主管，我的考績不如底下的部屬，以後怎麼帶人，而且這樣的成績代表報社不肯定我的成績，再待下去也沒意思了」，所以他毅然辭職，轉戰電視圈。

由於自己主跑財經，心裡總也做著「發財夢」，於是他開始投資股票，沒有想到套牢慘賠，負債最多的時候高達七、八百萬元，當時夫妻兩人月收入也大約只有七、八萬元。這段期間是鄭弘儀人生當中壓力最大、負擔最重的時候。於是他和太太商量，擬定償

債計劃，嚴格控管支出的每一分錢，把賺來的錢扣除必要開支之後，全數拿去償債。連三餐都省到不能再省，當時小孩也已經出生，兩個大人苦一點無所謂，但小孩的營養不能忽略。於是他心生一計，下午到黃昏市場向魚販買魚，而且只買魚尾巴，因為通常魚尾巴價錢最便宜，花小錢就可以買到數量龐大的魚尾巴。有一段時間，他們家餐桌上永遠只有魚尾巴，有一天小孩終於忍不住了，問他：「爸爸，為什麼我們家都吃魚尾巴，你很愛吃嗎？」可能是那段期間的慘痛經驗，現在弘儀不愛吃魚尾巴，特別愛吃魚頭。

含辛茹苦地過了幾年日子之後，終於把負債全部清償，還完最後一筆錢當天，弘儀一回到家，太太就興奮地抱著他大聲地說：「老公，我今天買了一整串衛生紙。」原來在負債期間，為了節省不必要開支，他們家的衛生紙都是一次買一小包，不是市面上那種一整串的，現在債務總算全部清償，慶祝的方式就是去買一大包衛生紙「奢侈」一下。現在弘儀當然不需要一次只買一小包衛生紙，縱然經濟條件改善，但是他仍然秉持農村子弟的勤儉精神，絕對不會浪費。不過，別誤會，他雖節儉，但並不小氣，對金錢的觀念是能省則省，但當用則用。

轉戰電視圈之後，鄭弘儀開始嶄露頭角，他先在非凡電視台主持早上時段的財經節目，這個時段是電

視圈的冷門時段，因為大多數觀眾不是還沒起床，就是在上班的路上，能坐在電視機前的人數非常有限。但是他仍然做得有聲有色，他的出現顛覆了以往對電視節目主持人的刻板印象，沒有一口標準的國語，長相不算俊俏，但弘儀憑借著多年在報社主跑財經磨練出來的硬底子，資料充足，邏輯清晰，很快就贏得觀眾認同。

　　這段期間的弘儀非常辛苦，因為是一大早的節目，他每天清晨四點半就要出門，下班回到家已經是晚上八、九點的事情了，這樣長期的體力負擔，終於讓他的身體發出警報。有一天他正準備拿著公事包出門，竟然發現自己腰背劇烈疼痛，連人都站不直。情急之下，他只好把還在睡夢中的太太叫醒，由太太一手幫他提著公事包，一手攙扶著他，佝僂著身體一路走到停車地點，然後自己開車到公司去。後來因為和主管吵架，他離開非凡，進入人生第二個低潮。

　　短暫失業的他，為了生計，只好開始參加談話性節目，他先出現在 TVBS 電視台的「顛覆新聞」，擔任助理主持人及固定來賓。我就是在那個時候認識鄭弘儀，但因為我不常去那個節目，當時和他並無深交。後來他也參加同台的招牌政論節目「二一○○全民開講」，獲得主持人 TVBS 總經理李濤賞識，成為固定來賓，偶爾還代班主持，表現不俗。但他不久就離開

TVBS 電視台，開創他人生另一段道路。

　　現在 JET 綜合台頻道播出的談話性節目「新聞挖挖哇」，是很受歡迎的電視節目，鄭弘儀開始獨當一面，形象深植人心，就是從「新聞挖挖哇」的前身「新聞 e 點靈」開始。他和于美人搭檔可以說是絕配，一個操著台灣國語，全身上下充滿台灣味，于美人則是外省背景，具有都會特質的知性，兩個截然不同的人組合在一起，竟然出現意想不到的化學變化，使得節目整體呈現輕鬆、幽默又有理性和知識，雖然是深夜時段十一點播出，但收視率一路長紅。

　　同一時期，弘儀也在中天電視台（象山集團老闆江道生時代）主持政論節目「驚爆新聞眼」，這應該算是具備他個人風格的第一個政論節目，後來中天因為財務問題，幾度易主，「驚爆新聞眼」也告一段落。弘儀離開中天的時候，電視台還積欠一筆主持費，過一陣子之後才全部結清，不過，當時他也沒有計較太多。

　　真正讓鄭弘儀樹立濃烈個人風格，建立政論節目一哥地位的，非三立新聞台 2002 年 11 月開播的「大話新聞」莫屬了。關於他主持大話之後，種種努力、摸索及改變的過程，本書後面會詳述。在此，先說幾個小故事，幫助讀者更了解鄭弘儀這個人，這些故事都是我的親身經驗，如實敘述。

　　如果你只透過大話新聞觀察鄭弘儀這個人，可能會認為他是一個非常強悍、難以溝通的人，但他私底下其實是一個很體貼的人，除了對太太體貼，對朋友也一樣，有時候他會體貼到讓你覺得見外。

　　有一次大話廣告時段，主持人和來賓在閒聊（我在路上經常被問到的問題就是：「你們廣告時間都在做什麼？」現在就公布答案吧。其實廣告時間我們為了能夠放鬆，大多數時間不是講笑話，就是聊些無關緊要的事情），不知道為什麼突然聊到小孩子的事情，此時我不知道講了一句什麼話（說實在的，我早忘了當初說什麼了），弘儀突然接了一句：「你又沒小孩，怎麼知道」，然後就進現場，節目繼續進行，這個話題也隨之結束。

　　沒想到隔天弘儀一遇到我，第一句話就說：「年晃，昨天很歹勢」，我一頭霧水，心想：「昨天發生什麼事了，我怎麼一點印象都沒有。」他看我沒有會意過來，馬上接著說：「我昨天說你沒有小孩的事情，希望你不要介意」，我聽了之後恍然大悟，「原來你是指這件事」。我馬上接著說：「三八兄弟，我早就忘了。」其實，我真的已經忘了這件事，也絲毫沒有在意，但我想弘儀一定思考這件事情一整夜，才會在隔天一見到我，就迫不及待向我致歉。他就是這麼體貼的一個人，體貼到你會覺得「大家都這麼熟了，幹

麼這麼見外呢？」

　　除了體貼，弘儀也是非常重感情也重義氣的人。2010年五都選舉前，大話新聞一直密集討論包括花博、新生高架橋改建工程、捷運內湖線工程追加預算及貓空纜車等市政議題，這些工程不是施工品質令人疑慮，就是工程預算編列啓人疑竇。沒想到年底台北市長郝龍斌連任成功後不久，承包多項工程的工信公司突然寄來律師函，分別控告鄭弘儀、侯漢君、徐永明三人，三人加起來一共七條官司，他們決定委任前民進黨立法委員徐國勇擔任辯護律師，這七條官司經過幾次開庭攻防之後，工信工程決定撤銷告訴，官司得以圓滿解決。

　　就在確定工信已經撤告當天，徐國勇剛好獲邀擔任來賓，弘儀除了當面感謝徐國勇的幫忙外，還拿出一疊千元現鈔，這是要付給阿勇的律師費，此時我才知道，原來他們三人的律師費，都是由弘儀一個人出的。徐國勇堅持不肯收，弘儀一定要給，雙方就拿著一疊現鈔在那裡推來推去。剛好何博文當時已經宣布參選新北市淡水區立法委員，徐國勇靈機一動，決定把這筆錢捐給何博文當競選經費。這時候換何博文不肯收了，他一直說，「我雖然選舉很缺錢，但是鄭大哥給你的律師費，我怎麼可以收」。一直到節目結束，這筆錢還像燙手山芋一般，在徐、何兩人手中轉來轉

去，這是我生平第一次看到一疊現金在空中飛來飛去，誰都不肯收，最後拗不過徐國勇堅持，何博文才收下這筆政治獻金。

　　鄭弘儀雖然是主持人，但政論節目來賓向來是言責自負，他大可不必一人負擔全部律師費，但他向來認為，他的來賓既然來上節目就是客人，身為主持人，有義務要保護來賓不受外力威脅或影響，所以才會決定一人負擔全部律師費。而何博文參選，弘儀除了自己捐款之外，也透過關係幫他募款，讓博文心中覺得非常溫暖。

　　對於家人，鄭弘儀除了體貼更是呵護備至。從小到大，他的兩個小孩在學校需要填家庭資料的時候，父親這一欄，他總是叫小孩填「鄭ＸＸ」，為的就是不想讓別人知道他們是鄭弘儀的小孩，增加無謂的困擾。兒子女兒失戀的時候，他會在旁邊聽他們訴苦，然後陪著一起哭。有一次全家一起唱歌，女兒點了一首「出嫁」，弘儀在一旁竟然聽到淚流滿面，把女兒嚇得半死。原來弘儀聽到歌詞中的意境，想起寶貝女兒將來總有出嫁的一天，不捨之情油然而生，才會忍不住流下男兒淚。後來，我經常笑他，哪天等到女兒真的出嫁了，恐怕他會淚灑婚禮現場吧，那時候才真是糗大了。

私底下的鄭弘儀

在同事眼中，鄭弘儀是一個很有邏輯和想法的人，他不是一個播報機器，更不是一個演員，只在螢光幕前表演，但私底下卻又是另一套。（其實不論藍綠，檯面上很多主持人或評論員，在螢光幕前講的是一套，私底下又是另一套，非常令人不齒。）很多大話討論的事情，是弘儀真正投入感情的。弘儀主持節目的時候，會把自己的想法和邏輯融入節目當中，所以他對討論議題及來賓很有自己的想法，正因為背後有一個價值在支持他，才能夠在遭遇這麼多挫折之後，仍然堅信不移。

古希臘哲學家赫拉克利特斯（Heraclitus）曾經說過一句名言：「Character is destiny.」（性格決定命運。）鄭弘儀的命運會如何發展，仍有待時間演進，但是他的性格卻主導大話新聞形態，成為獨一無二、個人風格濃厚的政論節目，同時因為他堅持理念的性格，也間接決定大話的命運。

| 第二章 |

大話新聞的本質

　　有一個青蛙過河的寓言故事是這樣的，某一天蠍子走到河邊，看著湍急的河水望河興嘆，因為蠍子雖然有毒刺，但是卻不會游泳，無法渡河。當他心裡著急的時候，河邊來了一隻青蛙。青蛙看到蠍子嚇了一大跳，正想逃走，蠍子趕忙叫住青蛙，「好心的青蛙，請你背我過河」。

　　青蛙說：「我才不要，你會用毒針刺我。」

　　蠍子說：「你放心，我保證只要你背我過河，我一定不會螫你，我怎麼會拿自己的生命開玩笑呢？」

　　青蛙仍然半信半疑，蠍子再三保證一定不會刺他，青蛙才終於同意背蠍子過河。就在游到一半的時候，青蛙突然感到背部一陣刺痛，然後就全身麻痺，他看了一眼蠍子，痛苦的問他：「你為什麼要刺我？」也在河裡載浮載沈的蠍子回答說：「沒辦法，這是我的天性。」

　　不論你是從青蛙還是蠍子的角度看這個故事，都可以衍生出很多種解釋。但這裡我要從天性來看這件事。蠍子明知道螫了青蛙之後，自己也活不了，但還是克制不住天性的衝動。人類是由動物演化而來，在基因中仍然保有相當程度的動物性，所以有時候也會做出違反理性的事情，而這種違反理性的行為，我稱之為人的「本質」。

　　政論節目是以人為主體的談話性節目，包括主持人和來賓也都有「本質」，其中主持人的本質決定節目討論什麼議題、節奏掌握，影響節目最大。大話新聞的本質絕不以爆料為主，凡事講求證據，追求真實。絕對不會出現有來賓在節目中突然冒出一句「我在路上聽到某個人說的」這種話。所有參與討論的人都不會信口開河，所講的話都有憑有據，正因為這個特色才能夠禁得起考驗。台灣有很多以爆料為主的政論節目，有時候可以得到短暫的關注和收視率，但沒有一個禁得起長期考驗，更何況來賓爆料有相當程度的風險，有時候是腎上腺素作祟的「神來之筆」，這種沒有經過嚴格查證的爆料，往往禁不起考驗，反而會對節目造成傷害。

　　大話新聞是一個設法追求真實的節目，節目中所講的話、所用的資料，都是有憑有據的東西。所以大話新聞可以在節目中播放長達六分鐘由公民團體拍攝

而沒有任何旁白的影片，只有怪手挖農田的轟轟聲及農民無助的吶喊，因為它真實傳達出苗栗縣政府如何惡形惡狀毀人良田。大話也曾經播出前衛生署長葉金川首度代表台灣參加 WHA（世界衛生大會）怒嗆留學生的畫面。這些畫面都不是來自新聞媒體，都是公民團體或是學生自行拍攝，雖然畫面不美，也不符合電視播出的標準，但因為它真實，所以不論是五分鐘甚至更長，都可以在大話新聞中播出，而且不止一次。

鄭弘儀對節目資料嚴謹的程度，簡直可以用「龜毛」來形容。就連媒體報導的數據，只要他有懷疑，或是不確定，都會要求製作單位到官方網站再確認一遍。有時候明明已經決定要討論的議題，可是找不到完整的資料，或是找了資料以後才發現，反而前任政府的表現更差，在這種情況下，這個議題就會無疾而終，不再討論。

我記得 2011 年 5 月 31 日大話新聞再度討論苗栗大埔強徵農地事件，這件令人髮指的政府掠奪人民財產的議題，大話已經討論過很長一段時間。但因為事隔一段時間，雖然幾天前「自由時報」有報導農民北上陳情，批評政府說要還地於民卻遲遲沒有進度。當天傍晚的時候，製作人打電話給我，告訴我：「年晃大哥，我們今晚要討論大埔事件，鄭大哥想確定一下現在的情況，可不可以請你幫忙打電話問一下。」我

心想，不是前兩天報紙才寫過嗎？不過，我還是撥了電話給當地農民，得到的答案果然和媒體寫的一樣，當晚在節目過程中，我還把查證的過程特別講一遍。也就是這種超級嚴謹的心態，讓大話新聞近年來即使被不同陣營的人放在顯微鏡下檢視，但始終找不出嚴重的錯誤。

高速鐵路是台灣重大的交通建設，完工試運轉正好是 2006 年底，當時國內政治氣氛陷入嚴重的藍綠對立，馬英九剛卸任台北市長，準備選總統，四處見縫插針；紅衫軍結束佔據街頭；扁家弊案開始爆發，許多政論節目更是「逢綠必反」，連高鐵這項改變台灣生活形態的交通建設也被批評得一無是處。有一天鄭弘儀心想，這項重大攸關民生的建設，大話將來如果要討論，僅憑媒體報導實在不知從何談起。

於是他請製作單位連絡台灣高鐵公司，希望能夠在正式運轉前以「付費」方式搭乘體會，以便將來節目中可以討論。不料，台灣高鐵的答覆是「因為還沒有正式營運，依法不能售票」，但是可以安排媒體試乘。於是他邀請來賓一大早從板橋出發，先搭直達車到高雄，再換乘普通車回板橋，沿途每個車站還下車看車站硬體建設。一趟下來，我們才發現，許多媒體對高鐵的報導都是人云亦云，根本沒有親身體驗過。這次的經驗讓我深深體會一件事，做政論節目搜尋資

料很重要，而且資料來源不能只依賴媒體，必須自己有不同於主流媒體的資料管道，有時候坐而言，還不如起而行。

以我自己為例，因為花了很多時間在網路社群互動，所以經常有網友提供我國內主流媒體看不到的資料，經過查證之後，也常常被我拿到節目中使用，等於我背後有一個龐大的無形團隊在協助我蒐集各種有力資料。台灣的評論員對網路很容易產生迷思，過度相信或是過度懷疑，其實過與不及都不好，要知道社群網站網友遍及各行各業，許多人在專業領域的表現，非我能及，借重他們的力量彌補個人能力不足，這才是資訊時代的真諦。例如在討論新流感疫苗和三聚氰胺事件的時候，甚至有在美國疾病管制局和歐洲疾管局工作的台灣人提供資料給我，有了他們的協助，我才能了解國外的做法及保護人民的心態。在此，要特別感謝這些無名英雄長期的協助，讓大話新聞能夠呈現更精采、精準的內容。

先對自己嚴格要求之後，才能夠用同樣的標準要求被監督的人。大話監督政府的態度也是針對事情或是人的本質在進行，比較少針對事件表象討論。2009年8月8日莫拉克風災之後，全國人民都很好奇，身為總統的馬英九從知道颱風侵襲到發生重大災情、小林村滅村，連續幾天都在做什麼事？為什麼在人民最

需要他的時候，幾乎是神隱。於是製作單位找出 1999
年「九二一大地震」之後當天及隔天前總統李登輝的
行程（因為地震無法預測，所以沒有找發生前的行程），
和馬英九 8 月 7 日南部開始下大雨之後兩三天的行程
比對，這才發現原本南部已經下大雨，馬英九還去參
加婚禮講冷笑話，連去中央防災中心視察都延誤，而
且勘災行程也和當年李登輝無法相提並論。

　　類似這種看似瑣碎不重要但卻可以深入了解一個
人本性的工作，其他政論節目很少做，頂多只是播放
馬英九勘災的畫面，然後來賓及主持人痛批一番，但
是觀眾看完之後，除了知道馬英九無能以外，無法
進一步了解他的心裡到底在想什麼？對災民陷於水深
火熱的同理心到哪個程度？拿出同樣史上罕見天災之
後，前後兩任總統的勘災行程，觀眾就可以很清楚了
解到「面臨相似的情況，為何兩任總統光是勘災行程
差別就這麼大？」如此才有比較基準，也更容易了解
現任總統的本質是什麼。

　　類似這樣的事情，大話做了很多。經常收看大
話的人一定印象深刻，馬英九的國務機要費、蓋了
三十四年的棉被、破了又補的泳褲、慢跑鞋等話題不
時會被提及。其實這緣起於馬英九 2008 年第一次競選
總統的時候，一直強調他很節儉，穿的西裝破了會拿
去補，手上戴的是岳父幾十年前送的手錶，以及上面

提到的這些宣傳廣告。一般選民因為無法近距離接觸馬英九，所以也會受這些廣告左右，認定馬英九是一個節儉的人。

但是從馬英九上任之後種種浪費政府預算及中央政府財政愈來愈困窘的跡象看來，他完全不像一個節儉的人。於是鄭弘儀就想到，「何不去查一下馬英九個人直接使用的國務機要費到底情況如何？」查證之後才發現，連續幾年的國務機要費幾乎被花到只剩零頭，而且原先答應要公布的細目也遲遲看不到。透過這些資料比較，觀眾就豁然開朗，進而得到一個結論：「馬英九花自己的錢很節儉，但花國家的錢絕不手軟。」這種透過資料呈現的說服力，遠比來賓和主持人在台上講到口沫橫飛有效。

不過，三立高層對這種做法一度頗有微詞，認為大話為什麼花這麼多時間在討論這些雞毛蒜皮的事情，還曾對製作單位說：「你們不要一直花時間在討論小事，這些又不是國家政策，不要這樣講一個人（意指馬英九）。」三立高層可能無法理解，國家政策當然要討論，但政策是人制訂的，了解領導者的本質之後，才更能清楚他的政策方向。美國著名的政治學者約瑟夫‧波耶特（Joseph H. Boyett）幾年前曾寫過一本《選民進化論──如何選出最佳候選人》，全書就是以他多年政治評論觀察的經驗，教導選民如何觀察候選

人容易被大眾忽略的細節，認清這個人的本質，才不會被日益商業化的選舉包裝廣告欺騙，最後選出不適任的候選人領導國家。波耶特教授希望選民以後可以「Won't Get Fooled Again」（不要再被愚弄），厚厚一本書，談的其實都是現代選舉候選人刻意營造出來的形象，但這些形象往往是過度包裝的結果，經常是名不符實的。

　　大話新聞另外一個本質，就是不注重外在形式表現。

　　電視是一個非常重視「視覺」呈現的媒體，燈光、布景、服裝、梳化粧乃至於攝影角度，缺一不可。現在由於政論節目競爭激烈，來賓人手一台平板電腦，主持人還有大型觸控螢幕，資料製作成精美的圖卡、手板，但這些都只是枝微末節，有這些點綴固然可以讓觀眾賞心悅目，若忽略資料本身的真實性和廣泛性，就未免有點捨本逐末了。

　　鄭弘儀是我見過最不注重這些表象的人，他的頭髮永遠是太太剪的，襯衫、領帶只要是服裝師搭配好了，他通常不會有意見。麥克風掉了，他會自己別好，有時候製作單位問他要不要把某些資料製作得精美一點，通常得到的答案是「不需要」。所以觀眾經常可以在大話新聞看到報紙、A4影印紙，有時候甚至手寫的資料都會拿出來秀給觀眾看，在他心目中，這些資

料反而更有說服力，因為它夠眞實。

　　噗浪和臉書等社群網站開始在台灣流行之後，許多網友透過我反應，希望製作單位可以在現場同步申請一個帳號，讓無法 call-in 進去的人可以透過網路發表意見，當時如果眞的做了，可能是台灣政論節目的創舉，而且可以成爲一個噱頭，畫面也可以製作得很精美，但經過審愼評估之後放棄了。因爲一來製作單位沒有多餘人力處理網友的回應（很多人都以爲大話的製作團隊一定有很多人，其實，長期以來製作團隊包括製作人只有四個人），二來，很多網友的言論眞實性無法即時查證，當然製作單位也可以很媚俗地加上「以上言論不代表本台立場」，規避法律責任，但鄭弘儀不容許這樣做，他認爲這違反追求眞相的基本原則。

| 第三章 |

不斷蛻變的大話

　　大話新聞 2002 年 11 月開播，它本來的面貌並非如此，最後呈現在大家眼前的大話，是經過不斷蛻變才能成為美麗的蝴蝶翩翩飛舞，這中間的過程有陣痛、衝撞、犧牲和磨合，然而這段歷史卻鮮為人知。

　　大話新聞開播之初，每周只播出周一至周四，每次一個小時，當時是外製節目，是由浩達傳播公司製作，製作人是殷羽凡，她同時也是趙少康先生「新聞駭客」節目的製作人。但事實上，殷羽凡只是掛名，並未實際負責節目。浩達公司登記地址就在三立電視台五樓，與三立的關係匪淺，所以大話新聞雖名為外製，但事實上三立仍具有相當高的控制權。

　　大話一開始並非現場節目，是下午錄影，晚上播出，主持人是姜玉鳳和鄭弘儀，最初的想法是兩位主持人性別不同，而且姜玉鳳是客家人，鄭弘儀是閩南人，可以吸引不同族群收看。但經過一段時間之後，

卻出現價值上的衝突，這絕非孰對孰錯的問題，因為姜玉鳳是新聞記者、主播出身，多年的訓練讓她非常注重「平衡」，往往希望在節目中能夠正反意見並陳。但是鄭弘儀的想法不同，他認為政論節目和新聞報導不同，播報新聞必須顧及平衡，但政論節目應該有自己的理念，要很清楚向觀眾表達主持人和製作單位的想法，只要引用正確的資料，不是無的放矢，很多表面上的平衡能免則免。所以政論節目一定要有自己的看法，堅持下去到最後就會形成一股力量，在這個過程中，不必在乎外界批評你「偏激」，因為一個人不可以討好世界上所有人。

台灣政論節目最常受到批評之處就是言論一元化，節目中很少正反意見並陳，許多傳播學者及觀眾總以此將政論節目說得一無是處。殊不知，若以平面媒體比喻，政論節目就像社論，本來就有意識形態及立場，新聞報導必須做到客觀公正、平衡報導，但社論則代表報社立場，儘可以呈現個人主觀意識和理念，只要引述正確資料，不是刻意抹黑、造假，都應該被接受，這才是言論自由的真諦。至於所呈現出來的內容是不是被接受，則由閱聽人決定，況且就整個台灣的言論市場來看，各家電視台及平面媒體，意識形態南轅北轍，閱聽人可以在自由意志下做選擇，單一政論節目就無需顧及表面上的平衡。

　　鄭弘儀與姜玉鳳合作一年之後，大話新聞改由鄭一人主持，此時製作團隊也加入一名生力軍擔任實際製作人（掛名仍是殷羽凡），她是李如芳，台大研究所畢業的高材生，從 2003 年 9 月 1 日她到職開始，一直到大話停播，她在大話新聞經常高居收視率冠軍當中扮演非常關鍵的角色。李如芳曾經在媒體任職，當過無黨籍立委陳文茜的助理，對政治議題敏感度一流，而且掌握議題反應迅速，是鄭弘儀不可多得的好幫手。她也經常扮演「煞車皮」的角色，有時候弘儀衝過頭了，她會適時提醒，尤其在大話來賓及主持人相繼變成被告之後，如芳這個「煞車皮」任務更加辛苦。她自嘲說：「到後來我覺得自己像個嘮叨的小老太婆，經常提醒鄭大哥『這個不能講』、『這個可能會有問題』。」大話如果少了李如芳，不會有如今的成就，換做其他製作人，早就受不了鄭弘儀猛操而辭職了。

　　大話改為一人主持之後，製作單位運作比以前更順暢，因為二位主持人的時代，有時候意見不一，彼此會有拉鋸，方向也不太一樣，製作單位經常無所適從。不過，2003 年的大話新聞仍然只能算是「B 咖」的政論節目，平均收視率只有零點四到零點六之間，當時藍綠兩陣營的「A 咖」級節目，分別是 TVBS 李濤主持的「二一○○全民開講」及年代電視台由汪笨湖主持的「台灣心聲」。一開始，浩達為了鼓勵製作

單位，凡是收視率進前十名就發一萬元獎金，後來因為大話新聞常態性進入前十名，這一萬獎金也就不了了之。

2004年總統大選是大話新聞收視率的轉捩點，一方面是因為適逢總統選舉政治熱潮；另一方面，大話新聞愈來愈有鄭弘儀的個人風格，而且討論事情的方式明顯和「台灣心聲」不同，觀眾不再重複，甚至吸引一部份原來收看台灣心聲的人轉投大話新聞，聲勢日漸上漲，連尋求連任的前總統陳水扁也接受鄭弘儀專訪。當初鄭弘儀和總統府接洽的時候，一度詢問是不是採預錄方式，他認為「如果是現場播出，總統講的任何話都是新聞，一旦口誤恐怕會平添困擾」，但阿扁總統的回答卻非常果斷：「不必，就現場好了，沒有問題。」沒想到阿扁總統竟然從口袋裡面拿出一張2000年就職前夕，中國方面透過中間人傳話的紙條，變成第二天各大報紙的頭條新聞。後來現場節目即將進入尾聲，阿扁總統還意猶未盡，直喊時間不夠，希望能夠再延長一些，但節目臨時無法調度只好作罷。這次專訪讓雙方都對彼此留下非常深刻的印象，後來四年任期內，弘儀專訪陳水扁總統數次，大概創下單一主持人訪問同一位總統最多次的紀錄。

主持大話十年來，鄭弘儀訪問過非常多政治人物，唯獨主動邀訪現任總統馬英九數次都被婉拒。弘儀對

每位受訪者都有應有的尊重，但他事先準備功夫紮實，
受訪者做過的事，說過的話，不只有書面資料，有時
還有畫面佐證，而且他提問非常犀利，有時候會讓受
訪者招架不住。而每位政治人物也有不同的性格，陳
水扁前總統記憶力超強，上節目幾乎不需要準備資料，
而且他經常會說出超過主持人問題的答案，成為第二
天報紙的頭條新聞。蔡英文則是非常追求完美的人，
2012 年選前一次專訪，蔡英文到現場之後才知道原來
是坐在沙發上接受訪問，因為攝影機會拍到全身，她
認為當天穿的襪子不夠正式，而且和服裝不搭配，雖
然弘儀和製作單位一直勸說沒有關係，但她仍堅持要
請助理回家拿來另一雙更換才願正式受訪，整個專訪
因此延宕了近一個小時，由此也可以看出蔡英文凡事
追求完美與注重小細節的性格。

　　2004 年總統選舉前後，大話新聞的收視率已經經
常進入前十名，也逐漸超越「台灣心聲」。3 月 19 日
台南發生震驚全球的「三一九槍擊案」，國民黨輸了
大選之後，動員群眾佔據街頭，喊出「沒有真相，沒
有總統」，質疑槍擊案是為了選舉而自導自演，全國
陷入一片驚恐與慌亂中。鄭弘儀當時心想，這個時刻
掌握媒體發言權的人，有責任向全國觀眾交代清楚事
件本末，但因為真相複雜不明，必須小心行事。於是
他決定讓第一線醫護人員面對全國觀眾說明清楚。3

月 21 日，大話邀請台南奇美醫院第一線負責處理正副總統槍傷的醫護人員到場，連總統醫療小組成員也一併出席。透過主持人不斷提問、質疑，讓全國觀眾對整起槍擊案有比較清楚的輪廓，當天的收視率創下歷史新高，也是大話十年來最高的一次，平均收視率高達三點一七，遙遙領先其他同類型節目。

由於國內討論槍擊案熱潮始終不退，大話新聞此時由預錄改為現場播出，節目時間從每周四天，每集一個小時，開始延長為每周七天，每集兩個小時，為了讓觀眾表達心聲，也開放現場 call-in，同時首創國內政論節目「當事人澄清專線」，讓被討論的相關當事人也可以表達意見，不過這個「當事人澄清專線」後來卻變成「大話魔咒」，此事容後再敘。到 2004 年 5、6 月間，「大話新聞 2.0」版已然成形，一直到 2012 年節目停播，八年之間這個形態沒有任何重大改變。

| 第四章 |
政論節目的宿命

　　政論節目評論時政，本應該具有超然、獨立的角色，與誰當家執政沒有必然關係。只可惜台灣尙不成熟的政治環境，與國民黨重新執政後不容異己的威權心態，讓政論節目面臨無法逃脫的宿命。首先面臨考驗的就是收視率，本來大話新聞的收視率一直獨佔鰲頭，但 2008 年因爲民進黨接連在立法委員及總統大選慘敗，使得大話收視率一路下滑，有近兩個月都只剩下零點五左右，最慘的時候甚至只有零點二到零點三之間。自從 2004 年之後，整整四年大話新聞從來不需要擔心收視率的問題，尤其是 2006 年紅衫軍之後，大話經常性位居政論節目第一名，一整年裡面不是第一名的大概不超過五天。不僅如此，三立新聞台的整體收視率也被大話新聞帶動，躍居新聞台第一名，連下午的「新台灣加油」（內部戲稱爲小話新聞）也受惠，高居同時段第一名。這段期間對製作團隊及主持人而

言，可稱為黃金時期，因為能夠揮灑的空間很大，收視率對大話而言代表的是正面鼓勵，而不是負擔。有時候前一天討論某些議題，隔天在收視率數字得到很好的反應，當天可能就會繼續討論下去。

2008 年 3 月馬英九當選總統之後，大話新聞面臨開播以來最嚴重的考驗。因為民進黨慘敗，支持者大都選擇關機療傷止痛，不再收看政論節目。但是主持人與來賓每天還是得在螢光幕前暢談新局勢，心情難堪、惡劣的程度非局外人能夠想像。「這段期間，幾乎是把傷口在鎂光燈前剝開來給別人看，而且還沒有地方可以躲，因為你一旦請假，別人又會開始對你冷嘲熱諷地說：『你看吧，丟臉了喔，請假了喔，躲起來了吧』，這種批評我無法忍受」，鄭弘儀這樣形容當時的心情。收視率持續低迷自然不在話下，但雪上加霜的是，外界傳言三立高層為了因應政治局勢改變，決定改變大話來賓形態，邀請幾位政治立場不同的來賓參與，並且更換主持人。消息見諸報端之後，各界冷嘲熱諷接踵而來，製作單位依照指示打電話邀請一位立場偏藍的女性評論員參加節目，但當場被對方拒絕，這段過程也毫無遺漏地被揭露出來。我當時一度還對鄭弘儀非常不諒解，認為他太容易妥協，太早認輸了，後來才知道這不是他的決定，也就釋懷了。

所幸這個情況沒有維持太久，2008 年 5 月 27 日馬

政府上任才第一周，下午就突然宣布凍漲多時的汽柴油價格一次漲足，由於事出突然，導致下班時間全國各地的加油站大排長龍，人民怨聲載道。當晚大話新聞整整討論兩個小時包括油價在內的民生經濟議題，觀眾又陸續回籠。接下來發生的三聚氰胺毒奶事件、國際金融風暴、八八風災、新流感疫苗等議題，加上從雲林立委補選開始，民進黨連打了幾場勝仗，讓大話新聞又重返收視率第一。

　　除了收視率受到政治局勢影響外，來自當局的各種「技巧」也逐一施展，讓三立高層倍感壓力。首先是董事長林崑海、總經理張榮華先後被稅捐單位「關切」，展開一連串查稅、補稅的「行政措施」。接下來開始針對鄭弘儀，據當天目睹的人描述，稅捐單位的人一進到三立電視台，就直奔會計單位，劈頭就說：「把鄭弘儀的資料拿出來」，這種情形讓人很難相信稅捐單位的解釋：「例行檢查，都是由電腦抽檢。」後來來賓當中包括我、何博文、侯漢君及徐永明兩位教授也都被通知補稅，令人不解的是，以前都是這樣報稅，一直都沒有問題，為何突然之間就要補稅，而稅捐單位還是同一套說詞。

　　緊隨著行政打壓而來的就是司法追殺，大話新聞來賓中最早被告的是我和陳立宏，當時是在討論趙少康先生以不成比例的金額買下原屬國民黨黨營的中國

私底下的侯漢君（左）與何博文

廣播公司，由於整個交易過程非常弔詭複雜，鄭弘儀
問我：「現在中廣到底是誰的」，我回答說：「當然
還是國民黨的。」不久後，我就收到國民黨黨營事業
中央投資公司的起訴狀，對方認為我的言論損毀中投
的名譽，要求我登報公開道歉並賠償兩百萬元。這是
我生平第一次被告，當記者近二十年，報導的新聞不

計其數，我自認為查證還算嚴謹，沒想到在電視上評論可受公評之事竟然成為被告。當時我心裡想：「我所講的話並沒有損毀任何人的名譽，應該不會有事」，所以我並沒有請律師，自己上法庭辯護。

　　就在官司進行到一半的時候，有一天我和弘儀與一位出身律師的前輩聚餐，席間提到我的官司，那位前輩聽完我的情形之後，語重心長的說，「你還是應該請一位律師」。他半開玩笑地說，根據他多年來對台灣司法的觀察，台灣的監獄裡面只關三種人。第一種是作奸犯科的，第二種是沒錢請律師的，第三種則是「鐵齒」相信司法有公平正義的。聽完他的話之後，我認為他是在開玩笑，沒有把這番話放在心上。幾天之後，弘儀突然告訴我，「年晃，你的官司我已經拜託徐國勇律師幫你處理，費用的問題你不必擔心，我來負責」。我聽完之後非常感動，事實上我當初決定自行辯護，除了認定自己的話禁得起考驗之外，鉅額的律師費也是考慮的重點。後來，這場官司由徐國勇律師接手，一審我勝訴，對方放棄上訴，而最後徐國勇也沒有向弘儀收取一分錢。我在大話這段期間所面臨的訴訟雖然不堪其擾，但每次都有人伸出援手，我要特別感謝弘儀、徐國勇及前總統府資政辜寬敏先生的夫人王美琇女士，他們都是我生命中的貴人，每每在我最困難的時候挺身相助，讓我有勇氣繼續奮戰下

去。其中弘儀和徐國勇律師最令人感動，我們所有的官司幾乎都是由弘儀一肩承擔，但徐律師也幾乎沒有收過任何一分錢，我還經常和徐國勇開玩笑，問他的事務所會不會賠錢，因為經常在做白工。

中投的訴訟只是開始，接下來一連串的官司幾乎讓人喘不過氣來。金溥聰對我提告，至今仍在最高法院審理中；討論苗栗大埔事件，讓大話所有來賓都成為被告；2010 年五都市長選前，大話密集討論花博、新生高架橋改建工程、貓空纜車、捷運內湖線等工程弊案，結果選後好多人都被得標廠商工信工程公司提告。最多的時候，大話包括主持人及來賓身上，共背了二十一條官司，這在台灣政論節目歷史中，應該也創下另一個紀錄。

查稅、司法追殺都是來自外部的壓力，至少知道施壓的對象，而且不僅沒有打擊大話的士氣，反而讓大家更團結，決心和這個大怪獸拚戰到底。反而是來自三立內部的打擊，讓人心灰意冷。

上一篇提過，政黨輪替後，三立因為「挺綠」色彩濃厚，不容易接到政府標案，又適逢國際金融風暴，使得廣告量銳減，影響公司收入。於是三立以節省成本為由，不止一次要減少來賓的通告費。前幾次都被鄭弘儀擋了回去，他甚至告訴三立，「要減就減我的主持費好了，來賓的通告費不能少」。結果弘儀的主

持費被減了兩次，後來有沒有恢復不得而知，但最終
來賓還是被減了百分之二十通告費。但這還不是最糟
糕的狀況。2009 年 2 月，三立再度以節省經費爲由，
將大話新聞由一周七天改爲五天，同時由外製改爲內
製，原本製作單位的編制是六個人，但改爲內製之後，
縮減爲三人，一直到大話停播始終沒有滿編過。我記
得當時節目縮減爲五天之後，有一次我和弘儀聊到這
件事，我告訴他，「三立在測試你的底線，先減爲五
天，然後四天，就看你什麼時候忍不住了，決定不
幹」。後來事件的發展過程雖然和我預期的不盡相同，
但結果卻不謀而合。

　　2009 年中以後，國內經濟開始好轉，大話來賓通
告費又恢復原貌。但是好景不常，2010 年 12 月 31 日，
剛做完當年最後一集的現場節目，來賓與主持人互道
完新年快樂，各自打道回府。製作人接到新聞部經理
來電，對方在電話中說：「公司說從 1 月 1 日起（指
的是 2011 年 1 月 1 日，其實就是隔天），要開始減來賓
的車馬費，減幅達百分之四十，該怎麼辦？」製作人
當場回答說：「你直接打電話給鄭大哥，如果你等明
天才告訴他，或是發了車馬費之後才知道這種情況，
他一定無法接受。」

　　於是新聞部經理致電鄭弘儀，告知他公司的決定。
鄭弘儀聽完之後，直接了當地說：「我的來賓不會接

受這種侮辱，如果你明天減車馬費，廣告過後，來賓會不會離開我不知道，但我一定會離開，而且隔天起不會有來賓出席。」也許是意識到事態嚴重，三立最終在弘儀力挺來賓的壓力下，減車馬費之議才作罷。

大話改為內製之後，三立加強對節目內容控管。先是老闆以做生意為由，希望大話不要批評中國，後來更變本加厲要求主持人及製作人轉告來賓，西藏問題不要談，甚至要求製作單位不要再邀請支持藏獨的 Freddy（林昶佐，閃靈樂團主唱）來上節目。接下來六四天安門事件和法輪功也不能碰觸，反正會讓中國不高興的議題，大話最好都別談。但是這些議題在 2008 年之前是百無禁忌，我記得有一次還曾邀請台大經濟系教授張清溪到節目中，整整談了兩個小時中國共產黨如何不人道逮捕、虐待法輪功學員，甚至活體摘器官。而選前中共進軍西藏，我們在節目中也討論了好幾次，連當時身為候選人的馬英九都曾說出「不排除不參加北京奧運」的重話。對於這些要求，鄭弘儀及製作單位都讓步了，因為這些不談，還有內政問題可以討論，發揮的空間一樣很大。但是每次三立有這些要求，總是讓製作單位覺得非常「可恥」，因為必須有人去告訴來賓什麼不能講，一位製作單位的人形容，「這其實和旺中集團沒有什麼差別」。

2009 年 5 月底、6 月初某一天，大話正在討論

六四天安門事件，當天討論的重點是放在馬英九擔任總統前後，對六四的態度截然不同。此時新聞部經理突然拿著手機，氣急敗壞的跑到副控室，一邊講電話，一邊還一直問製作單位，「怎麼回事，怎麼會談這個？」原來是張榮華剛好看到大話在討論六四議題，一時無法忍受，直接打電話給新聞部經理，要他來阻止。而他想出來的阻止方法，就是直接中斷節目進廣告，但是被製作單位攔住了，製作單位說：「你如果直接把節目硬卡掉，以鄭大哥的個性，他一定受不了，你可以等廣告時間再進棚內告訴他。」果然，廣告時間經理就進棚內和鄭弘儀溝通，下一段節目開始就改變議題。接下來幾天，新聞部經理都出現在副控室「監督」節目進行。

　　類似這樣的事情層出不窮，有些是來自當權者有意無意的施壓，有些則是電視台自我設限，讓原本應該自由揮灑的政論節目被套上枷鎖，無法呈現事件全貌。對閱聽人而言，這種情形並不公平，因為他們有權力知道更多議題，而不是在政治因素下，只能了解「被閹割過」的議題。

| 第五章 |

樹大招風

　　「人怕出名，豬怕肥」，因為出名之後是非就隨之而來，有些則非當事人所願。大話新聞也一樣，獨領風騷之後，除了不同陣營虎視眈眈等待大話犯錯以外，所謂的「綠營」內部，其實有不少人對大話是又愛又恨。尤其大話新聞在 2007 年民進黨總統黨內初選力挺謝長廷，更讓三立及大話後來都受到很大的傷害，這也是一次難得的經驗。

　　2006 年國內掀起紅衫軍倒扁潮，加上後來陳水扁國務機要費被起訴，又公開承認將鉅款匯至海外，一時之間綠營士氣低迷，使得 2008 年總統選舉對民進黨而言倍感艱辛。不過，2007 年黨內總統初選卻是有史以來參選人數最多的一次。當時被媒體封為「四大天王」的三位前行政院長游錫堃、謝長廷、蘇貞昌及副總統呂秀蓮都投身初選，黨內各派系也各擁其主。游錫堃獲得獨派全力支持，謝長廷有龐大的子弟兵團及

前高雄市政府執政資源，蘇貞昌時任行政院長得到新潮流系及陳水扁總統率領的行政團隊力挺，呂秀蓮也有不少民間社團看好。

　　當時國內的政治環境非常複雜，綠營陷入國務機要費與扁家「貪腐」的風波，代表藍營參選的馬英九也因為將市長特別費匯入太太周美青戶頭被以貪污罪起訴。新潮流系兩位民進黨立委李文忠、林濁水公開辭職表達對扁案的抗議，行政院會又做出特別費是「歷史共業」的宣示，被認為有「替馬英九解套」的意味，加上蘇貞昌當時曾傳出有意請辭行政院長，於是挺扁人士對新系及蘇貞昌非常不滿，視之為寇讎，游錫堃則全力挺扁，得到深綠與反新系人士認同；謝長廷與各派系保持等距，加上自己謝系子弟兵戰力頗為堅強，初選後期已經形成蘇謝兩人決戰的局面。

　　謝長廷 1998 年至 2004 年擔任高雄市長，這段期間與三立董事長林崑海建立深厚的情誼，後來謝長廷出任行政院長，任內提出八年八百億元治水預算，但一直被國民黨佔多數的立法院阻攔，有鑑於防洪治水是國家重大建設，於是謝長廷獲得林崑海大力支持，由大話新聞主持人鄭弘儀到台灣各地製作一系列「向人民報告」節目，直接向人民闡述治水預算的重要性，當時還被藍色媒體影射為「置入性行銷」，讓弘儀感到非常委屈。但據我所知，這一系列節目的製作費都

是由三立支出，鄭弘儀的酬勞也和平常主持大話一樣，並沒有增加。

　　由於林崑海與謝長廷這一層關係，2007 年總統黨內初選，三立非常明顯地支持謝長廷，連大話新聞都無法置身事外。此舉當然引起其他候選人不滿，連帶使支持蘇貞昌的新潮流系也對鄭弘儀及大話新聞心生怨懟。2007 年 4 月間，大話新聞接連訪問四位候選人，4 月 26 日晚上，副總統呂秀蓮接受專訪，鄭弘儀以媒體報導質問她與百萬人民倒扁運動重要幹部的關係，呂秀蓮回答：「媒體斷章取義。」鄭弘儀接著問：「那妳為何不澄清？」呂秀蓮答：「你們『大話新聞』栽贓我很久，我忍很久了！」「當你們要批評人家的時候，就是已經糟蹋人！我已經忍很久了，今天是專門給我設陷阱嗎？」鄭弘儀反擊：「我們有澄清啊！妳不能汙衊我啊！」呂秀蓮又問：「倒扁運動總指揮施明德當時說他唯一寄望某人，這個人就是施明德擔任民進黨主席期間的民進黨秘書長，『大家為何不去問？』」鄭弘儀：「妳指的是不是蘇貞昌？」呂秀蓮答：「對嘛！對嘛！」一連串脣槍舌劍，讓在副控室的製作人及電視機前的觀眾看到捏一把冷汗。鄭弘儀當時心裡的想法是，雖然呂秀蓮貴為副總統，但他是代表人民質問，所以絕對不能示弱，一定要堅持下去，否則以後就不必主持節目了。

　　接下來 4 月 30 日，換成行政院長蘇貞昌接受專訪，他這次也是有備而來，準備了許多製作精美的圖卡、手板，針對大話新聞日前對他的批評一一反擊。蘇貞昌說：「長期以來，大家有在看『大話新聞』都看得出來，對特別的人誇讚，對我沒一個好。」他接著說：「這節目每天修理我到沒一樣好，很多人勸我不要來。」蘇貞昌又強調：「『大話新聞』不僅羞辱呂秀蓮，還把總統陳水扁說成無情無義。」「我個人是沒關係，這半年也很多地方被你們節目誤解批評。」鄭弘儀也不甘示弱回批：「院長不能說我們羞辱副總統。我是給她機會說明。」「沒想到院長今天來先說這樣的話。你說過去有誤解，今天就是給你機會澄清，要修理就不用請你來。」由以上這兩段對話，可以看出當時大話新聞與蘇、呂二人之間的緊張關係，而這些不愉快似乎並沒有隨著選舉落幕而結束。

　　2008 年選前，大話新聞還做了一件讓所有綠營人士都很「頭痛」的事情。當時陳水扁總統發起「入聯公投」，要求以台灣名義加入聯合國，這項訴求符合綠營基本主張，而且為了配合總統大選，所以希望能夠衝高連署人數，於是民進黨中央規定每位黨公職都有「責任配額」。由於這項公投案與鄭弘儀長期追求的理念一致，他也認為應該把連署人數衝高，於是有一段時間，大話每天花大約五分鐘時間，逐一點名黨

公職當天的連署人數，從一開始距離目標很大一段距離，隨著大話每天點名，連署人數急速上昇，很快就達到一百萬人甚至超越。不過，這項動作也讓部份黨公職相當困擾，因為每個人處理的進度不同，有些已經連署，但未送達黨中央，有些則是連署書還在地方幹部手中尚未匯整，這些數字都無法在黨中央每天公布的數字中呈現。通常前一晚大話點名之後，連署成績不佳的黨公職服務處，隔天一早電話就會被灌爆，支持者紛紛譴責黨公職連署不力，讓有些人百口莫辯，還有人曾拜託弘儀「可不可以不要再唸了，否則實在受不了」。但弘儀不為所動，他認為，既然這是大家共同的理念，就一起努力把這件事完成，堅持點名到達成目標人數為止。由於弘儀的堅持，也使得連署進度超乎預期順利，後來這項公投雖然沒有通過，但卻創下史上最多連署人數的紀錄，高達二百七十二萬人。

民進黨慘敗之後，大話新聞與鄭弘儀腹背受敵，一方面必須承受藍營的冷嘲熱諷，一方面也要預防綠營內部有人找大話當代罪羔羊，將敗選原因歸罪於大話。經過選舉的激情之後，三立也體認到初選時力挺謝長廷對電視台及大話新聞造成的傷害，於是透過管道安排，鄭弘儀分別與蘇貞昌及新潮流系見面，說明當時的氛圍及無奈之處，雖有許多批評，實則並無惡意，對方雖然都說可以理解，但心裡是否真能釋懷，

則只有當事人心裡最清楚了。

經過那次教訓之後，從此大話對民進黨初選都採取完全不介入的態度，因爲大話對綠營的影響力足以左右初選結果，只要大話一出手，結果就是造成綠營分裂，畢竟2008年的經驗，大家都還記憶猶新。2010年五都市長選舉，高雄與台南市初選競爭異常激烈，有一位過去經常出席大話的地方民代，因爲和某位參與初選者關係密切，鄭弘儀爲了避免外界誤解，初選期間完全不請這位民代上節目，還搞到那位民代一頭霧水，託人詢問「是不是哪裡得罪弘儀大哥了，這麼久沒有找我上節目」。大話其中一位固定來賓也因爲幫某位候選人站台，讓林崑海勃然大怒，認爲他完全沒有記取2008年的教訓，以及後來三立不介入黨內初選的原則，不止一次點名要把這個人換掉，一直到大話停播，鄭弘儀確定不接受三立五個條件之前，三立還在點名要換掉這位來賓。

2010年五都選戰開打不久，各地就希望大話能夠到五個都市舉辦戶外開講，一方面可以拉高收視率，一方面也可以幫民進黨候選人拉抬聲勢，但因爲一場現場開講所需經費甚鉅，三立卡在預算問題，一直沒有規劃。到選戰末期，競爭最激烈的台中市，代表民進黨參選的蘇嘉全後勢強勁，幾乎與國民黨現任市長胡志強打成平手。蘇嘉全與林崑海也是多年老友，爲

了能夠幫蘇嘉全一把，三立規劃至少到台中市舉辦一場戶外開講，但是鄭弘儀堅持如果要辦戶外開講，就要邀請兩個陣營的候選人或代表一同出席，以免落人口實。後來因為胡志強陣營一直興趣缺缺，所以戶外開講也就作罷。鄭弘儀這麼小心謹慎堅持要邀請雙方陣營出席，就是不想重蹈2007年覆轍，由此可見當年經驗在他心目中所留下的教訓是何等重大。所以2012年蘇貞昌與蔡英文雖然初選競爭激烈，但大話始終保持中立，甚至很少討論初選議題。

除了不介入初選外，對於一些縣市長的邀約，大話新聞也非常小心，就怕一個不慎落人口實。有一次，南部某位縣長想邀請製作單位及來賓到該地參觀某著名景點在八八風災之後重建的情形，用意當然是希望我們看過之後，能夠在節目中提及，促進當地觀光產業復甦。其實，站在執政者的立場，設法宣傳地方觀光景點，促進地方繁榮的想法無可厚非。但後來被鄭弘儀回絕了，他認為，我們一行人去到當地，吃的、住的，如果由這位首長自掏腰包，似乎不好意思，會給人打秋風的感覺。但若由縣政府公款支付，到時萬一被人拿出來作文章，說「綠營縣市長招待大話來賓」，那不是徒增困擾，也壞了大話的名聲。

也許有人認為這樣太過小心，但我卻支持這種做法，因為平常很多人都已經拿著放大鏡在檢視大話新

聞，我們沒有犯錯的時候，都巴不得能在雞蛋裡面挑
出骨頭來，如果再有點疏忽，那不被大作文章「圍毆
致死」才怪。也因為這麼多年來，包括製作單位每位
成員、主持人及來賓每個人都潔身自愛，不搞緋聞、
不用特權，大話新聞才能夠在觀眾心目中留下美好印
象，甚至停播後還被懷念，而弘儀自己以身作則是最
重要的因素。

| 第六章 |

獾的精神

　　我閒暇的時候很愛看「動物星球頻道」、「國家地理頻道」及 Discovery 等節目。有一次我看到一集正好在介紹非洲大陸的哺乳類動物，除了大家耳熟能詳的大象、獅子、水牛、犀牛之外，最引我注意的是一種貌不驚人的動物，牠叫做「蜜獾」。蜜獾的體型不大，大約比一般中型家犬大一點，但是牠的上下顎非常有力，咬力驚人，而且毛粗肉厚又堅忍不拔，一旦被牠咬中的獵物，絕對不會放開，一直到窒息死亡為止。由於這種特性，所以連體型大上許多的兇猛肉食動物，平常也都不會去招惹蜜獾。蜜獾是一種雜食性動物，平常以蜂蜜為主食，但牠也很愛吃毒蛇，捕蛇功夫一流，而且愈毒的愈愛。

　　非洲大陸有一種兇猛又毒性驚人的毒蛇叫「膨蝰」，這種毒蛇體型很大，每咬一口可以注入敵人體內三百毫升毒液，而膨蝰的毒液只要一百毫升就可以

世界上最無所畏懼的動物──蜜獾

致人於死，所以每年在非洲被咬死的人數眾多，是惡
名昭彰的「殺人兇手」，連萬獸之王獅子和膨蝰狹路
相逢的時候，都要退避三舍。

　　那一集影片內容是這樣，一隻蜜獾正在覓食，巧
遇也在狩獵的膨蝰，於是一場「獾蛇大戰」展開。膨
蝰雖然毒性驚人，又具攻擊性，但是蜜獾平常以毒蛇
維生，熟知蛇性，而且動作靈活，不容易被咬中。就
在雙方戰至平分秋色之際，這隻體型特大的膨蝰突然
咬中蜜獾，大口注入毒液，說時遲那時快，蜜獾有力

的雙顎也咬中膨蝰的身體，死命緊咬不放。

　　雖然蜜獾對蛇毒有抵抗性，但這隻膨蝰實在太大，注入的毒液又多，蜜獾終於不支倒地，昏死過去。一旁的膨蝰也受不住蜜獾有力雙顎的攻擊，身體幾乎斷成兩截，在一旁抽搐幾下之後就不動了。拍攝的攝影師仔細觀察發現蜜獾並沒有死亡，因為身體還在微微起伏，表示牠還在呼吸。此時，攝影師陷入兩難，他知道膨蝰的毒性強烈，這隻蜜獾可能不久之後就一命嗚呼。但基於職業道德，他又不能出手協助，以免破壞大自然生態。就這樣僵持了大約十幾分鐘，倒地的蜜獾突然若無其事的站起來，起身把早已死在一旁的膨蝰大快朵頤一番揚長而去。

　　看完這段影片之後，我心裡大受衝擊。人類雖然自詡為萬物之靈，可以主宰地球，可是論環境適應能力，遠不如那些可以生活在嚴寒及酷暑環境的動物，生命力又不如蚯蚓。看到蜜獾這種不屈不撓堅持到底的精神，我覺得人類在大自然面前實在太渺小了，還要學習的事物也太多了。第二天我把這個影片內容告訴鄭弘儀，他也很喜歡我的想法，所以後來，我們經常以「獾的精神」自居，對許多議題也發揮「咬中就不放」的堅持，追求出許多原本可能被掩蓋的真相。

　　大話新聞雖然是「政論節目」，但討論議題的範圍卻不侷限在政治，舉凡民生、經濟，甚至許多涉及

專業領域的議題，例如核能安全、公共衛生、疫苗等
議題，也都曾在節目中討論。在討論「兩岸經濟架構
協議」ECFA 的時候，大話絕大部份時間會從財經面
切入，而不是從意識形態出發，主持人經常會拿出資
料數據證明，ECFA 絕對不像政府所宣傳的有百利而
無一害，如今 ECFA 已經生效超過一年，台灣的經濟
不僅沒有變好，反而愈來愈差，許多現在出現的現象，
早在四年前就已經被我們言中。倒不是我們有多厲害，
可以預知未來，而是因為討論的層面夠廣泛，蒐集專
業資料夠詳實，自然可以做出比較正確的判斷。大話
新聞的特色就是，不論討論什麼議題，絕對不會只是
蜻蜓點水，大多會討論到水落石出或問題解決為止。
所以包括三聚氰胺、新流感疫苗、新生高、花博、大
埔事件等議題，大話都討論了將近兩周甚至更久。因
為鄭弘儀一直認為，一件事只要堅持夠久，別人就會
開始重視，因為他們心裡會想，「大話為什麼很重視
這件事情」，就會開始去思考其中的原因，所以只要
撐得夠久，能撐過陣痛期，一定會有收穫。就像前面
那隻獾，只要能撐過蛇毒，就可以享受豐盛的一餐是
一樣的道理。當然，這必須要有過人的毅力與蒐集完
整的資料，否則如果資料不夠，一集就講完了，後面
就沒得討論了。

　　台灣大多數晚間播出的政論節目，大多只是重複

當天新聞的報導內容，然後請來賓根據不同的意識形態各抒己見了事。這樣的節目對觀眾而言只有互相取暖和浪費時間兩種結果。如果白天報紙和各新聞台都已經報導過的訊息，晚上再花兩個小時討論，只是增加了來賓個人評論意見，觀眾可以從這個節目獲得什麼呢？大話很少跟著白天的新聞走，就算討論相同的議題，大話一定會增加新的元素，這些元素可能是不同的觀點，或是更詳實的資料。總之，讓觀眾看完兩個小時節目要有收穫，不能感覺是浪費時間，而且觀眾是可以教育的，以前不會有政論節目會讓觀眾覺得「你跟著我走，我會告訴你這件事情的真相是什麼」，這樣觀眾才會每天都想看，公民意識才會成長，人民可以了解公共政策要如何探討，要從什麼角度看。

　　魔術表演能夠成功的最主要原因在於，人類很容易被事物的表象迷惑，同樣的道理，政府的許多政策往往是表裡不一。表面看似規劃完善，但裡面卻是空殼。只有把表面一層層剝開，觀眾才能看到事件的本質，而且魔鬼往往都藏在細節裡面，愈不引人注意的東西，愈微小的錯誤，往往都掩蓋著巨大的弊端。美國著名的語言學家諾姆‧喬姆斯基（Noam Chomsky，台灣也譯為杭士基）在《媒體操控》（*Media Control*）一書中，曾這樣批評政府如何利用媒體掩蓋真相，他說：「事情的真相被埋在無數謊言堆疊而成的龐大建

築物底部。」大話新聞這些年來一直不斷地解構這棟
龐大的建築物，為的就是讓所有人能夠看清楚事情的
真相，但是這樣子做節目，對主持人及來賓而言壓力
都很大。因為我們不是什麼都懂，我經常為了兩個小
時的節目，可能得花數倍時間蒐集資料，太過於專業
的領域還得去請教專家，甚至蒐集國外相關資料，然
後再用最淺顯易懂的方式告訴觀眾。但是這種教學相
長的過程也讓我獲益良多，本來對財經相當外行的我，
經過這些年來的歷練，現在對財經政策及專業名詞也
有一定程度的認知，這也算是另一種無形的資產。

　　我還記得 2008 年三聚氰胺毒奶粉事件讓台灣社會
陷入恐慌，當時由中國輸入台灣的毒奶數量之多史無
前例，而且政府又遲遲訂不出檢驗標準，後來在各界
壓力之下，終於訂出和香港一樣 2.5 ppm 的標準，但
是歐盟卻是更嚴格的 0.05 ppm，政府的理由是台灣沒
有可以檢驗出低於 2.5 ppm 的儀器。當晚大話拿出世
界各國資料質疑政府為何要訂如此寬鬆的標準，是否
和中國壓力有關？結果沒想到開放 call-in，至少有十
通電話是從事檢驗相關行業的專業人士打進來，告訴
我們台灣至少有幾十台可以檢驗低於 2.5 ppm 的儀器，
顯然政府在說謊，後來排山倒海而至的壓力，政府終
於讓步，訂出和歐盟一樣嚴格的標準。如果當天政府
宣布 2.5 ppm 的時候，大話沒有堅持下去，沒有國外

的資料佐證，也不會有專業人士 call-in 進節目提供資料，那政府很容易就矇混過關了，更不會有事後採取和歐盟相同標準的改變。這一役是大話很經典的一場勝仗，讓政府了解他們不可以為所欲為，不可以有專業的傲慢，更不能欺騙人民，因為會有一個政論節目每天在監督著他們。

2010 年花博則是另外一個典型，以前沒有政論節目這樣做，以後大概也不會有。當時民進黨台北市議員莊瑞雄質疑花博總預算過高，許多採購價格顯然並不合理，連一顆空心菜價格都要超乎尋常的兩百元。於是製作單位請莊瑞雄向台北市政府調閱更多採購的單價細目，然後請工作人員到市面上買一樣的植栽，晚上就搬到攝影棚裡面，逐一向觀眾說明市府採購清單的單價，和製作單位自己去採買的單價差異，於是乎觀眾就可以很清楚知道市府採購有多少不合理，浪費多少公帑。那段期間，大話新聞攝影棚裡面擺滿了各式各樣植物，工作人員每天還得找人澆水或是搬出去曬太陽，將近一個月的節目也被網友戲稱為「大話新聞之花系列」。這樣的節目呈現方式前所未見，但卻收到奇佳效果，因為觀眾每天都會期待「今天大話會拿什麼花出來？市政府又亂花了什麼錢？」花系列那段期間，大話新聞每天平均收視率幾乎都在一以上。

收視率好的議題當然可以持續談下去，但有時候

大話的議題設定也不盡然和收視率有關。2007年暑假，
大話利用每周六、日時段討論日治時代的台灣歷史。
會討論這段歷史有一個小故事。有一天鄭弘儀和朋友
閒聊的時候，朋友突然問他：「你知不知道日治時代
一共派了幾個總督到台灣？你可以說出其中一個名字
嗎？」結果鄭弘儀竟然一個也答不上來。當時他心裡
想：「這個問題如果連我都不知道答案，相信一定有
更多人也不清楚。」因爲國民黨統治台灣，根本不教
學生台灣日治時代歷史，甚至連 1949 年來台後的歷史
也是選擇性告知，許多事實都被刻意掩蓋。

　　於是鄭弘儀開始去找日治時代台灣歷史的相關書
籍，大約讀完二十本之後，他決定利用周末時段的大
話新聞討論台灣歷史。他的想法很單純，日治時代雖
然台灣是被殖民角色，過程並不愉快，但不可否認的，
這是眞實發生在台灣的歷史，活在台灣的人，有權利
知道這段史實。剛開始的時候只有他一個人準備資
料，因爲來賓根本不知從何準備起。後來來賓開始加
入蒐集資料行列，結果資料愈找愈多，談到後來已經
欲罷不能。從日治時代一直談到 1945 年日本戰敗，到
1949 年國民黨來台這段最慘烈也最不爲人知的歷史，
後來開始探討爲何國民黨在二戰結束後接收大批美軍
最先進裝備，卻不敵裝備、人員都落後許多的共產黨
軍隊。在討論戒嚴時代歷史的時候，製作單位別出心

裁，請來音樂家李坤城，他帶來古老的留聲機及許多已經絕版的老唱片，一首接著一首播放當年被國民黨列為「禁歌」的優美旋律，讓周末的大話彷彿走入時光隧道，重溫這些歌曲當年的美麗時光。

我記得那段期間去上大話簡直比我讀書時候還認真，在家要先讀完資料，記重點、做眉批，每次去上節目總是帶著好幾公斤重的書，好像去參加讀書會一般，雖然很辛苦，但很充實，因為我也藉這個機會讀了好多以前未曾接觸過的書。這段期間的節目受到很多人懷念，大話停播前夕，一位旅居瑞士的大學教授陳孟玫，於 2012 年 5 月 28 日在「自由時報」民意廣場投書「瑞士來的：謝謝大話」，文章裡面特別提及：「謝謝大話帶領觀眾了解台灣歷史的那個暑假，透過大話的介紹，我看了《被出賣的台灣》跟《福爾摩沙紀事：馬偕台灣回憶錄》，也開始對外國朋友解釋台灣主權未定論，我開始認識台灣的歷史。」這段話讓我非常感動，至少那段期間的辛苦沒有白費，我深信和陳教授一樣的觀眾還有很多，至少大話留給觀眾的回憶是有價值的。

但是叫好的節目，不一定叫座。討論台灣史的那個暑假，周末大話新聞收視率平均只有零點七到零點八之間，大約只剩平常的一半。連三立都告訴鄭弘儀，「那個要講這麼多嗎？」有一次陳水扁前總統也很關

《被出賣的台灣》　　《福爾摩沙紀事：馬偕台灣回憶錄》

心地說：「那個東西（日治時代歷史）不必講這麼多吧，
這樣應該可以了吧。」不過，弘儀仍然不為所動，繼
續把歷史談到一個階段才結束。正因為這樣的堅持，
大話新聞才會受到尊敬，才會令人懷念，正如陳孟玫
教授在投書中寫道：「謝謝大話，過去幾年在台灣散
布質疑求證的種子，啟發思考的幼苗。」

| 第七章 |

農民代言人

　　出身窮苦農家的鄭弘儀對農民有發自內心的感恩與同情，所以當他掌握發言權之後，當然要利用機會為弱勢農民發聲。因為我也是來自農村，雖然家裡不務農，但對農民生活的辛苦卻是體會至深，關心農村及農民於是成為大話另外一個特色。

　　2010 年 5 月間，有一天突然有一位不知名的網友傳給我 YouTube 上面一段影片連結。我點進去看到第一個畫面就受到震驚，因為我看到好幾台怪手正在剷除一片已經結穗的稻田，我本以為這是來自中國的畫面，但仔細一看一旁警察穿的制服，竟然是台灣的警察，而且這件事就發生在我的故鄉苗栗。看完全長約十餘分鐘的影片之後，我濕了眼眶。我為這些辛苦的農民感到難過，有什麼事情這麼急，一定要在收成之前就把田剷掉，難道不能等收成之後再處理嗎？這就是後來引起全國關注的苗栗竹南大埔事件。

　　第二天，我把影片拿給製作人李如芳，請她轉交給弘儀，有空的時候可以看一下。當時我心裡想，農家出身的鄭弘儀一定受不了這樣的事情，過幾天應該會開始討論。果不其然，數天後我接到如芳的電話，詢問影片的出處以及是否可以授權給大話新聞播出。我協助處理完技術問題之後，就趕忙準備上節目去。我還記得第一天討論的時候，這段畫面一共播了兩次，引起非常大的迴響與震撼，不僅在場沒看過這段畫面的來賓受到震撼，連電視機前的觀眾也無法理解，這樣的事情怎麼會發生在二十一世紀的台灣。

　　大埔事件我們一共討論了將近快一個月，中間我還帶著數位攝影機到當地拍攝紀錄，將第一線農民的心聲帶回台北攝影棚。因為大話新聞持續討論，終於引起社會各界重視，學者及農村陣線等農運團體發起「夜宿凱道」抗議活動，再加上有老農因為土地被強制徵收，憂鬱自殺，最後逼得行政院長吳敦義帶著苗栗縣長劉政鴻出面開記者會，承諾還地於民，劉政鴻還當面向全國人民道歉。現在雖然還有幾戶農民的土地尚未歸還，結果不能稱為完美，但是因為大話的討論，使全國各縣市政府此後再也不敢用這麼粗暴的手段強徵民地，因為他們透過大埔事件深刻了解，台灣人民不能接受這樣的「暴政」。

　　討論大埔事件也使大話主持人及來賓付出慘痛代

價，何博文、徐永明被告兩件官司，我、鄭弘儀、侯漢君、陳其邁和吳國棟也被告了一件，原告都是劉政鴻，每次到苗栗出庭都要花一天時間，這兩件官司至今仍在纏訟中，但是我並不後悔，我曾經告訴弘儀，「如果再來一次，我還是會選擇一樣的做法」，他的看法和我不謀而合。

台灣農產品產銷制度存在非常大的缺失，雖然歷經幾十年改革，但弱勢農民永遠是被剝削的一群。每每到了盛產季節，農民總是血本無歸，但如果不幸碰到天災，產量銳減，市場價格上漲，農民也賺不到錢，因為利潤幾乎都被大盤商賺走了。大話新聞是唯一會討論農民種一分水稻田要花多少成本的政論節目，而辛苦呵護的稻米最後交給糧商的時候可以回收多少？我們也曾在節目中拿出農民交給行口（大盤商）的出貨單，說明一斤水果在產地才賣多少錢？為何到了消費者手中價格卻是數倍，中間的差價被誰賺走？透過簡單的數學，讓觀眾了解產銷制度不合理。我們並不反對盤商賺錢，但是不能剝削農民獲取暴利。

儘管大話經常為弱勢農民發聲，但是也曾經好幾次碰到令人氣結的事情。2012 年選前，民進黨發出一份水果月曆文宣，不慎將水柿誤植為甜柿照片，兩者價差頗大。這個錯把馮京當馬涼的錯誤，當然被國民黨窮追猛打，民進黨雖然出面道歉，也說明原本的用

意是要凸顯「賤價傷農」，不是要打壓甜柿價格，但就是有人聽不進去這麼簡單的說明。有一天，一位自稱柿農的新竹觀眾 call-in 進來，痛罵大話亂講話，破壞市場行情，害他的甜柿都賣不出去。我不知道這位觀眾是否眞的是農民，但如果大話說了之後市場行情就會被破壞，那我們乾脆每天一直喊「台北市豪宅一坪只要五萬」，看會不會眞的變成五萬？稍微用頭腦想一下，就知道這根本是天方夜譚，但卻有人選擇相信國民黨抹黑民進黨的那套說詞，而且還自稱是農民，實在令人心寒。

　　大話新聞討論農業議題並不是爲了收視率，畢竟農民只佔台灣總人口少數，而是發自鄭弘儀內心最深刻的感情，因爲栽培他長大成人的，正是現在每況愈下的台灣農村。我認爲農業是立國之本，現代國家都非常重視農業問題，日本曾花大筆經費提高國內糧食自給率，因爲日本政府認爲，糧食自給率不足，將嚴重影響國家安全。台灣農業問題已經非常嚴重，務農人口和農地正嚴重流失，如果政府再不重視，只一味地把農地變成科學園區、建地，總有一天台灣將不再有農業和農村，那請問人民屆時吃什麼呢？

| 第八章 |

固定來賓

　　政論節目除了主持人和議題，參與討論的來賓也是決定是否好看的重要因素，大話新聞大約從 2006 年之後漸漸發展出固定來賓模式，每天參與討論的六位來賓中，有五位是固定班底。這樣的模式後來也逐漸被其他政論節目採納，現在有許多節目都是採取和大話新聞相同的方式，可見固定來賓模式有其無法取代的優點。

　　其實大話剛開播的時候也是藍綠來賓都有，有一陣子包括盛治仁、姚立明、陳揮文等人都是常客，但這種藍綠來賓表象平衡的方式對收視率一點幫助也沒有，最低的時候還曾經掉到只剩零點二至零點三之間。有一次三立總經理張榮華還因為收視率始終無法提振，把鄭弘儀找去問他說：「弘儀，這要怎麼辦？」弘儀回答說：「總經理你有什麼想法？」張榮華接著說：「這樣吧，你去找五個來賓，扮演男主角、丑角、配角、

傭人等不同角色。」聽到這番言論之後，鄭弘儀心裡
想：「我要如何去找人來演呢？這樣還算什麼政論節
目？這應該會變成娛樂節目了吧！」當然，他嘴巴沒
有說什麼，但心裡開始思考如何改變來賓的角色。

　　有一句耳熟能詳的成語「真理愈辯愈明」，但這
在台灣的政論節目一點都不適用。在藍綠來賓同時出
現的時候，幾乎兩個小時都在吵架，對主持人和觀眾
精神壓力都很大，根本無法討論事情，而且一開始觀
眾看了覺得很新鮮、很亢奮，但久了之後根本連看都
不想看，因為每天看完兩個小時節目，然後帶著負面
情緒去睡覺，怎麼會想繼續看下去呢？這就像夫妻兩
個人吵架，雙方都各持己見不肯退讓，根本不會有愈
辯愈明的真理，此時要解決這種僵局的最好方法，就
是有一方讓步，事情才有轉圜的空間。

　　尤其有些政治立場比較深藍的來賓，他來到所謂
「綠營」的節目，會力求表現，所以有些其實可以不
必拗的內容，為了向支持者有交代，也會刻意硬拗。
可是這樣節目進行節奏就被打亂了，討論也會失焦。
本來兩個小時可以深入討論某個議題，可以呈現更多
資料，但是因為某個來賓強力捍衛立場，而讓整個節
目失焦，反而平白浪費了寶貴的兩個小時。後來製作
單位也發現，這種形式上的公平，討論反而沒有實質
內容，每天找一堆人來吵來吵去，一點意義都沒有，

隨便放一個坐上去都可以主持節目了。

　　於是製作單位和鄭弘儀開始思考改變來賓形態，找立場比較相近的來賓一起參與討論。這是一個很大膽的做法，因為一定會被外界冠上「一言堂」的帽子，事實上批評者經常以「台上坐的都是民進黨的」來批評大話來賓。但事實上，固定來賓裡不但沒有民進黨員（何博文直到 2012 年參選立委才加入民進黨），侯漢君教授還是國民黨員。但是鄭弘儀始終不為所動，繼續把節目導向他想要的方向前進。找到立場相近的來賓之後，開始逐漸尋找他心目中最佳來賓人選，因為鄭弘儀對來賓很有主見，要求也很高，他不能容許來賓把大話新聞當成選舉的工具，或是只來講一些意識

侯漢君（左）與作者

形態的口號而沒有實際內容。通常有新的來賓參與討論，節目結束後，他會立刻告訴製作人「這個來賓下次還可以找」或是「以後不必找他來了」。有些民進黨民意代表來上節目，甚至連當天要討論什麼議題都不清楚，也不準備資料，只想來增加曝光率，提高知名度，不然講來講去就只剩那句「我們席次比別人少，我們也沒辦法啊」，這樣的人即使和主持人交情再好，也會被列為拒絕往來戶。曾經有一位和弘儀交情不錯的政治人物，因為來上節目都不準備，只能空談泛談，最後弘儀不再請他來，為此兩人還差點翻臉。後來這位政治人物不僅想邀弘儀打球，還邀鄭太太去逛街購物，試圖彌補關係，但都被回絕了。

　　也有人透過海董的關係希望能夠上大話，有時候海董礙於人情，會請製作單位發他一次通告，但如果表現不好，以後就再也看不到這個人了，就算是對海董有交代就好了。還有人是積極經營和鄭弘儀的關係，找他打球、吃飯，就是希望能夠到大話擔任來賓。但是製作單位邀請來賓可以說是無情的，連製作人平常也不太和政治人物打交道，因為她不想在邀請來賓的時候有人情困擾。還有人為了能夠參加大話新聞，不僅不領車馬費，甚至還包紅包給製作人，後來被原封不動退還當事人。

　　找到立場相近的來賓不難，但是要找到一群能講、

敢講又願意講的可就不容易了。有些人滿腹經綸，可是偏偏表達能力不佳，不適合電視媒體生態，有時候大話討論比較專業的議題，也曾嘗試請學者專家來說明，但試過大多數專業人士之後發現，他們也許在專業領域表現出色，但並不適合在電視媒體表現，最後只好作罷。就像有人是名校博士，但是只適合做研究，你硬要他去教書，結果學生都跑光了，那有什麼用呢？所以大家在近五、六年來看到的大話固定來賓組合，其實是經過千錘百鍊才形成的團隊，這個團隊也許不是最好，但卻是最有默契，最能符合主持人需求的組合。

外界對大話採取固定來賓也有微詞，經常會有人告訴三立高層，「怎麼都沒有新人參加？怎麼又是同一群人？」三立也曾經希望製作單位能更換部份來賓，但一方面鄭弘儀認為，來賓很有默契，表現也很好，沒有換人的理由。而且他心很軟也重感情，始終認為所有來賓都奉獻青春在這個節目，他不忍心把來賓當作拋棄型，所以並未同意三立換來賓的要求。另一方面，因為大話的收視率一直都很好，三立對換來賓的事情也沒有認真執行，大家睜一隻眼，閉一隻眼也就過了。最近一次是在 2012 年選後，新聞部主管很清楚傳達上層命令，而且這次態度比較強硬，要更換其中二位來賓，但這件事還來不及處理，大話就停播了。

　　站在三立的立場，也許會認為鄭弘儀是一位很不聽話的主持人，「電視台是我的，錢也是我出的，叫你換個來賓都不行」，站在鄭弘儀的立場，他會認為「大家一起走過紅衫軍、兩次民進黨敗選，一起成為被告，總有一些感情，而且來賓也沒有做錯什麼事，怎麼可以說換就換」，這種立場的衝突除非有一方退讓，否則一定無解。後來大話停播，有部份原來大話來賓繼續出現在替代的節目中，這恐怕也是三立始料未及的事情。

　　我一直認為大話的來賓是不同的化學元素，而主持人則是觸媒劑，誰也無法預料將這些不同的化學元素加在一起之後，和觸媒劑一起產生作用，最後會出現什麼樣的變化，因為這不是在實驗室做化學實驗，兩個氫一個氧最後一定會變成水這麼簡單。唯一可以確定的是，它不會無法控制，不會爆炸，這就是來賓與主持人多年合作培養出來的默契。大話新聞是一個活的政論節目，它不會一成不變，還經常隨機應變。

　　我印象最深刻的一次，是在停播前幾個月正在討論開放瘦肉精美牛議題，當時國民黨擺明了要強渡關山，民進黨因為席次劣勢，付諸表決已經未戰先敗。於是我們在節目中討論要如何防範未然，可以避免國民黨以人數優勢強行表決。除了佔據主席台等議事抗爭程序外，我在節目中提出罷免同意瘦肉精進口的國

民黨立委的可能性，這是經過我深思熟慮的方式，絕
非神來之筆。但對主持人及其他來賓而言，他們卻是
第一次聽到。廣告時間弘儀再詢問我的想法，下一段
節目一開始，他馬上改變既定討論的議題，開始討論
起罷免立委的可能性，其他來賓也熱烈參與討論。這
在其他的政論節目是不太可能發生的，但是因為大話
來賓的默契與理念相同，所以隨時可以激盪出精采的
火花。第二天，製作單位還特別去找了立委得票差距
在百分之十以內的選區，逐一就罷免案連署成案到投
票通過的可能性進行討論，在當時對部份國民黨立委
形成極大的壓力。後來要不是聯合國國際食品法典委
員會（CODEX）在美國壓力下通過瘦肉精安全容量，
民進黨因而放棄抗爭，現在可能全國各地已經有人開
始進行罷免立委連署了。

　　類似這樣的情形，在我參加大話這幾年來發生不
止一次，我們經常可以在看似平凡、老生常談的討論
議題當中，歸納出與眾不同的結論和意想不到的收穫。
這也是觀眾為什麼愛看大話的原因，因為它和其他政
論節目不同，可以讓觀眾有收穫，而且不會淪為意識
形態對抗。其中最主要的原因就是主持人和固定來賓
多年培養出來的默契，在相同理念下互相激盪討論，
在看似不受控制，其實卻遵循相同軌道行進的過程中，
產生出人意料的驚喜。

| 第九章 |
大話魔咒

　　大話新聞是台灣第一個設立「當事人澄清專線」
的政論節目，當時的用意就是人難免會犯錯，如果在
節目中有引述錯誤資料，或者是轉述錯誤，當事人及
時發現就可以打電話進來澄清。但是後來這個當事人
澄清專線經過幾次使用之後，卻意外變成一種「大話
魔咒」，那就是凡是曾經打電話來澄清的政府官員，
後來不是辭職下台，就是仕途不順。

　　2010 年 5 月開始，大話新聞花很長一段時間討論
苗栗大埔徵地案，後來經由知名部落客比利潘（潘建
志醫師）的追查，從監察院公職人員財產申報資料發
現苗栗縣長劉政鴻擔任縣長幾年之內，債務銳減，因
此合理懷疑劉縣長的財務問題。7 月 16 日當天，大話
繼續討論這個議題，眾人正在對劉政鴻的財產提出質
疑，不料劉政鴻在第一段 call-in 的時候就打了「當事
人澄清專線」，針對先前的討論提出說明。劉政鴻強

調，他的債務減少是變賣祖產所得，並且一再質疑大話來賓對他「抹黑」、「移花接木」。

因為劉政鴻的祖產幾乎都是農地，依法農地農用是可以不必繳納贈與稅，但若移作他用，則可能會牽涉到逃漏稅的法律問題，來賓徐國勇律師就以此質疑他那五千萬賣地還債的過程可能會有贈與稅的問題。其他來賓也追問劉政鴻有沒有繳稅，如果有的話，可否提出證明？結果劉政鴻支吾其詞，只一再強調農地農用不必繳贈與稅。經過眾人一再追問，劉政鴻又推說全權交給代書處理，細節他不清楚，最後他丟了一句「你們要有良心」就掛斷電話。

當時劉政鴻已經沒有連任壓力，但是大埔事件卻對他造成極大的傷害，透過大話不斷地討論，多數人都質疑：「明明沒有新增工業區的需求，為何縣政府要強徵農地，真正的原因究竟是什麼？」後來苗栗縣發生一連串徵地風波，包括後龍灣寶特定農業區用地變更為工業用地，及後龍殯葬園區，讓劉政鴻任內始終與土地風波脫不了關係。

2010 年五都選舉前，民進黨台北市議員莊瑞雄揭發新生高架橋改善工程部份植栽工程單價偏高，台北市政府一開始只是官方說法：「一切依法辦理，循合法採購程序」，並且交由政風處調查是否有缺失，最後查無不法。經過大話新聞鍥而不捨的追查，發現有

些植栽工程不僅單價偏高，高出同屬市府的公園路燈管理處採購金額數倍，而且決標金額竟然和底價幾乎完全相同。市政府展開危機處理，將承辦的新建工程處科長陳智盛記過，並且緊急將溢編的一千六百萬元工程款止付，打算息事寧人。

　　8月27日市政府和大話製作單位連繫，表示發言人趙心屏希望能夠親自到節目中說明全案經過，製作單位也希望當事人能夠站到第一線說明，當然也歡迎趙心屏。

　　由於趙心屏是新聞記者出身，對工程細節並不是非常清楚，節目一開始我就發現，她只是不斷重複市府白天記者會的內容，針對為何單價偏高、決標金額為何與底價幾乎雷同，並無法回答。顯然市府當天動員不僅是趙心屏一人，包括秘書長楊錫安、被記過的科長陳智盛也都在電視機前待命。節目進行中，我發現趙心屏不斷看手機簡訊，可能是市府方面藉此與她連繫。果不其然，廣告時間趙心屏突然語氣很不好地說：「我來這邊一個人對付你們六個人，又不給我時間充分說明，當事人澄清專線又打不進來，這算什麼啊！」鄭弘儀和我幾乎同一時間反嗆她：「今天妳發言的時間最多，也沒有打斷妳，還說沒有充分發言。當事人澄清專線別人都打得進來，只有你們台北市政府打不進來，這是誰的問題？」

一開始接 call-in 沒多久，楊錫安首先打電話進來，他一開始就表明他擔任公務員幾十年，一直都在工程單位，工程有許多專業問題，外人通常無法了解。藉此影射大話來賓是外行充內行，根本不懂工程。接著陳智盛科長也 call-in 進來，他說，新生高改建工程是由昭凌公司設計，工信工程承包，他從陳水扁市長時期就擔任公務人員，他覺得植栽報價只是很簡單的疏失問題，卻被無限上綱成政治議題。

聽到這樣的說詞，鄭弘儀再也忍不住，他反嗆陳智盛說：「老實講，我覺得國家有你這樣的公務員很丟臉，發生這麼大的問題，竟然只說是簡單的疏失。」陳智盛也不甘示弱地反問：「如果最後檢調單位調查之後，我沒有被懲處，你要不要向我道歉？」鄭弘儀回答說：「我不會跟你道歉，你自己疏失了，然後打電話進來說這什麼話？如果今天不是這樣揭發，這一千六百萬灌水的費用會止付嗎？如果今天沒被查到，這一千六百萬就被人拿走了你知道嗎？有你這種人再講這個都沒有用，沒有意義，謝謝！」然後就掛斷電話。

下一段節目開始之後，鄭弘儀強調，他罵陳智盛丟臉，是因為編這種預算應該感到羞愧，依政府採購法，審計單位、政風單位都會參與標案審核、稽查，不應該只有兩個公務員負責。

　　後來這個案子經司法單位調查之後，陳智盛不僅被收押禁見，最後還被起訴。楊錫安則在檢調大規模搜索市府之後，在他的電腦中發現與工信工程實際負責人潘俊榮有電子郵件往來，兩人在信件中討論到新生高改建工程底價。楊錫安先經台北地檢署偵結不起訴，但被高檢署發回再議，原本郝龍斌連任之後，他接任副市長的呼聲頗高，但後來他連市府秘書長位子都保不住。

　　2011 年暑假期間，台灣香蕉盛產，原本農民應該歡欣慶豐收，但蕉農卻笑不出來，因為市場價格慘跌，一公斤產地價格只有三到七元之間，根本血本無歸。包括國民黨立委曾永權、鍾紹和及民進黨立委潘孟安等人都開記者會為蕉農請命。馬英九總統前往南投視察時，也有蕉農向他反應此問題，但得到的回應卻是：「你怎麼不早說，我可以請中國來收購。」

　　負責主管全國農業的農委會卻在 7 月 11 日於國內各大報紙刊登半版廣告，斗大的標題寫著：「夏季水果好吃擱有賺，果農笑了」，內文中還批評潘孟安是「政客」，故意引用錯誤數據，拉低香蕉的市場行情，讓蕉農辛苦的汗水白流。

　　由於這個廣告實在悖離事實，當晚大話新聞針對這篇廣告討論。農委會主委陳武雄也 call-in 進來，他說明香蕉價格並不如潘孟安宣稱的這麼低，那些是次

級品，才是一公斤二至三元。（潘孟安引述的數字是每公斤三到七元，所以並沒有錯誤。）但是陳武雄卻無法說明，政府刊廣告譴責在野黨立委是「政客」的正當性何在，況且，國民黨立委也開記者會幫蕉農請命，為何只有在野黨是「政客」？執政黨就不是呢？

陳武雄是馬英九第一任總統任期內少數任期接近四年的政務官，但是他任內多次發生農產品產量過剩，致使農民賤價銷售，甚至整卡車送去當堆肥，他卻始終拿不出解決方法。他還曾被台大前心理系教授林心智指控留學時曾在美國擔任職業學生，協助國民黨迫害主張台灣獨立的留學生。陳武雄非常懂得投馬英九所好，出訪海地期間還寫詩歌頌他的辛苦與偉大，最後他在 2012 年 2 月 6 日下台。

2011 年適逢中華民國建國百年，隔年初又有總統大選，執政黨就以「慶祝建國百年」名義，成立不受立法院監督的基金會，舉辦許多慶祝活動。10 月底，國家文藝獎得主曾道雄在媒體投書，指他看完國慶日晚間在台中演出的「夢想家」舞台劇之後，無法相信這一場戲竟然要花二億多，直言這根本就是浪費預算。緊接著藝文界人士，包括馮光遠、鴻鴻等人，也加入質疑。

10 月 31 日，大話新聞針對藝文界人士的質疑及標案許多不合理處提出討論，文建會主委盛治仁也 call-

in 進現場。盛治仁以前是大話的常客，深諳政論節目流程，所以他全程都以不疾不徐的語氣針對來賓的質疑提出說明，雖然他的說詞仍有可議之處，但當天氣氛相當平和，並沒有出現先前官員和來賓對嗆的局面。但因為正逢總統選前，「夢想家」引爆的爭議又太大，盛治仁最後還是抵受不住壓力，於 11 月 28 日請辭文建會主委，任期只有短短兩年。

綜觀以上幾位 call-in 進大話新聞的官員，為何最後不是辭官就是仕途不順？主要原因是，透過現場節目，可以讓廣大觀眾更看清官員的本質，因為平常人民看政府官員都是透過媒體，即使是訪問也經過剪接。但現場 call-in 卻完全不同，真槍實彈，一刀未剪，是驢還是馬，觀眾一看就清楚，無所遁形。再加上，大話對官員的質疑都是有所本，不是空談、漫談，主持人及來賓拿出資料一一對質，官員更不容易避重就輕，如果不是準備充分，很難全身而退。所以連向來對大話新聞極度不滿的前衛生署長楊志良（他卸任前最後一份公文，就是向地檢署告發大話新聞主持人及來賓違反「傳染病防制法」，後經地檢署將全案簽結），都始終沒有 call-in 進來過。「當事人澄清專線」到後來竟變成另類「大話魔咒」，這也是當初設立專線始料未及的。

| 第十章 |

我的大話人生

　　人生際遇真的很巧妙，從一個新聞記者變身為評論員（有人稱為名嘴，但我不喜歡這個稱謂，因為這通常具有負面意涵），遠超過我的人生規劃。但人生就因為充滿了未知與意外，才會顯得更美麗、更具挑戰性，如果人生都照劇本演出，就未免太無趣了。

　　第一次參加談話性節目可以追溯到 1999 年，當時我在 TVBS 周刊服務，陸續參加了「顛覆新聞」（現在「新聞夜總會」的前身）、「新聞 e 點靈」（「新聞挖挖哇」的前身）及趙少康先生主持的「新聞駭客」，展開我的電視生涯。記得第一次錄影的時候，緊張到全身發抖，腦筋一片空白，根本不知道該說些什麼，等到情緒稍微穩定之後，節目已經快結束了。這個時期，我和鄭弘儀及于美人兩位主持人有比較深入的接觸。不過，當時是兼差玩票性質，因為自己還有正職，所以也沒有把上電視當做主要工作，至於自己表現好

還是不好，也沒有太在意。

　　2006 年我離開蘋果日報，面臨短暫的失業危機，眼見銀行存摺數字一天一天減少，心想這也不是辦法，於是打了一通電話給于美人，告訴她我的情形。美人很爽快的說：「那來上節目啊！」隔天製作單位就發通告給我。我的評論員生涯於焉展開，如果沒有那通電話，如果沒有于美人伸出援手，今天我的人生恐怕會完全不同，非常謝謝她。當時是國內政論節目全盛時期，共有約十多個節目同時存在，許多以前的同業都告訴我，「離開報社沒差啦，出來跑通告比較好」。

　　「新聞挖挖哇」節目談論的內容包羅萬象，不專以政治為主，所以我並無法常態性參加錄影。後來黃越綏老師在東森 S 台開了新節目「台灣大解碼」，開始邀請我去參加，可能是我表現還可以吧，於是成為每周三天的固定來賓，既然成為固定來賓，當然不能辜負製作單位與主持人的用心，於是我開始積極蒐集資料，希望能夠在節目中多告訴觀眾不知道的事，感謝黃老師讓我有機會磨練自己。雖然如此，在我的內心深處，還沒有把當評論員視為將來的工作，心裡總想著這是過渡時期，將來還是會有其他正職工作。

　　一直到我 2006 年 6 月 29 日去參加大話新聞錄影，才改變了我的想法。大話新聞 2002 年開播之後，我曾經去錄過一次，當時還是每周四天，每集一個小時，

下午預錄晚上播出，由鄭弘儀與姜玉鳳主持，但後來就再也沒有去過。我記得 6 月 29 日當天是上午大約十點多錄影，播出日期是 7 月 1 日星期六，當時大話新聞每周播出七天，但周六、日是採預錄形式，通常新參加的來賓第一次大概都是出現在這兩天。

接到大話的通告心裡並沒有想太多，心想應該和其他談話性節目差不多吧。節目開始前，弘儀還特別提醒我，「等一下要主動發言」。現場一開始錄影之後，我完全傻眼，弘儀的主持風格和我參加過的其他節目主持人完全不同（也和他主持新聞挖挖哇不同），節奏非常快，幾乎沒有時間讓你思考，加上其他來賓每個都口若懸河、滔滔不絕，我根本連一句話都插不上，坐在我旁邊的陳立宏還好心地利用空檔在白紙上寫了「主動發言」四個大字，提醒我不要痴痴地等。我心裡何嘗不想啊，但當時的我和其他來賓及主持人根本就是 FM 與 AM 的差別，不在相同頻率上要如何對話啊。

一直到節目進行了大約四十分鐘，弘儀利用廣告時間還虧了我兩句，「年晃，你今天通告費要減半喔，都沒講話」，我臉紅了。下一段節目開始後，弘儀終於製造機會讓我可以發言，這是我在大話新聞的第一次發言。

當天錄完影之後，大話新聞再也沒有找我去，我

自己知道已經錯失大好機會。不久之後，我去錄「新聞挖挖哇」的空檔時間，弘儀突然把我叫到一邊去，很誠懇地告訴我：「年晃，我覺得你可以當一個專業的評論員，但可能是你個性的關係，比較不會主動求表現，但在電視圈這樣是不行的。」他給了我三點建議：「一、多講自己採訪所見所聞，那是你自己的，別人搶不走。二、多閱讀資訊，例如 *TIME*（時代雜誌）、 *NEW YORK TIMES*（紐約時報）等國外媒體，幫觀眾整理全球關於台灣的資訊。三、立場要堅定，主動發言，必要時可以搶話，這樣才適合電視觀眾的生態。」事後，我深怕忘記，立即用白紙將弘儀的話寫下來，這張紙條至今仍放在我的公事包內。

我至今仍然不清楚為何鄭弘儀要主動告訴我這些，也沒有問過原因。這是他主持多年節目所累積下來的寶貴經驗，對我而言，就像遇到武林高手為我打通任督二脈一般，從此功力大增，對我往後的評論員生涯獲益良多。

2007 年初開始，我成為大話的固定來賓，每周七天全年無休，這樣的生活過了五年多，有歡笑有淚水，有得意也有失意，這是一種全新的人生體驗，至今，我仍不後悔曾經走過這一遭。

2006 年紅衫軍倒扁風潮興起，那段期間是國內近年來藍綠對抗最激烈的日子，挺扁倒扁兩股勢力激

那美好的仗，我們共同打過

盪下，一般市井小民生活都受到影響，遑論我們這些在電視上評論的公眾人物。年底有一天下午，我和太太好不容易偷得浮生半日閒，到住家附近的大賣場採購生活用品，就在準備排隊等候結帳的時候，隔壁櫃檯有一對中年夫婦，先生一直回頭看我，然後和太太低頭耳語，後來先生作勢要往我這邊走過來，太太輕輕拉了他一下，但沒能阻止。先生走到我的對面，操著外省口音說：「你就是那個常常在三立出現的鍾年晃吧！」語氣並不友善。基於禮貌，我還是客氣地對他微笑著說：「是啊，我就是。」他接著又問：「你住這附近？」我說：「是啊！」然後他臉上帶著不屑的表情，更不友善地說：「小兄弟，很好，我們後會有期！」此時，我已經了解他的不友善態度和用意，我也很不客氣地回嗆他說：「下次見面你要請我吃飯嗎？」只見他臉色一變，正準備要發作。此時，他的太太結完帳走過來，半拖半拉的才把他拉走。

　　由於第一次發生這種場面，我和太太心裡完全沒有準備，她嚇壞了。有好長一段時間，她都不願意和我一起出門逛街。成為公眾人物，生活幾乎沒有隱私，受影響最大的就是親密的家人，這些年來，我們出門要隨時保持微笑，怕被別人說我擺譜；去餐廳吃飯也要再三考慮，怕誤入敵營；連出國旅行事前都要沙盤推演。

　　2009 年春節，我第一次跟旅行團到日本東京，出國前一晚上，我們兩人還在家裡沙盤推演，「萬一碰到不友善的人怎麼辦？」「萬一同團的人一直拉著我講話怎麼辦？」種種狀況都先預想到答案才放心出國。五天行程結束之後，可能是我運氣很好吧，所設想的狀況都沒有發生，反而碰到不少親切和我們打招呼的人。台灣人實在很可愛，假期在國外見到我，幾乎都很怕影響我渡假的心情，不是很低調的招呼，就是只微笑點頭。旅程第三天，在著名溫泉區箱根搭乘海盜船的時候，有一個家庭跑來和我合照，年輕的兒子對我說：「我們第一天就看到你了，但是我跟我爸爸說，人家是來渡假的，不要去打擾他，所以一直沒有和你打招呼。」他鄉遇故知可能都還不足以形容我當時的心情，我被這家人的體貼深深感動。

　　隨著時間愈來愈久，我也慢慢習慣自己是公眾人物的身份。當然，生活中也不全然是被嗆聲的場景。去傳統市場買菜，明明已經秤好斤兩，老闆還是會多塞一把青菜，不然就是獲贈免費小菜；坐計程車零頭不必給，諸如此類的事情，每次遇到還是會覺得很溫暖。印象最深刻的一次，是我和太太去吃 pizza，由於當天並非假日，店裡除了我們以外，只有另外一對情侶和一個看似老闆的中年男子，我和太太邊吃邊聊天，不久後店裡只剩我們和中年男子。就在我要買單的時

候，服務生告訴我，「你的帳單已經有人幫你付了」。
我追問是誰付的，服務生卻支吾其詞不肯說。後來我
堅持還是要付錢，服務生才指指旁邊說：「鍾先生，
是我們老闆交代，你的帳單算他的，而且要我們不能
說。」我才恍然大悟，原來那個中年男子真是老闆。
我立即走過去對他說：「老闆，對不起，這個帳我自
己付，不能讓你請。」中年男子說：「年晃，這一點
點算什麼，你們為台灣奉獻這麼多，算是慰勞你好
了。」「你以後想來這裡用餐，隨時歡迎，全都算我
的。」我推辭了好久，老闆還是堅持不收錢，我只好
接受他這番好意，但我從此以後沒有去過那家店用餐，
因為我怕再碰到老闆，他又要請客，會給人去打秋風
的感覺，這樣反而不好了。

我記得剛認識弘儀的時候，有一次我們一群人相
約去吃飯，我看他停好車之後，戴著口罩下車，一直
到餐廳包廂裡面才取下口罩。後來我才知道，他只要
在公共場所一定都戴著口罩。當時我心裡還在想，「我
們又不是做見不得人的事，為什麼要這樣？」後來我
終於明白，他並不是擔心自己，而是不想家人受到無
謂的干擾。這種保護家人的心情，不是身在其中的人
是無法體會的。

經常有學者寫文章批評政論節目是台灣的亂象，
好像藍綠衝突都是我們挑起的。我對這種文章和寫這

弘儀與我

種文章的作者向來都嗤之以鼻，因爲他們犯了一個學術邏輯上最大的錯誤：「以偏蓋全」。每個政論節目有不同的風格和討論內容，並非所有節目都是他們筆下的「亂源」，既然敢寫文章，就應該大膽指出，哪些政論節目製造衝突？哪些節目又是亂源？這樣和稀泥式地將所有的政論節目一概而論，有失學者嚴謹的要求，也沒有知識分子應有的風骨。其實，挑動藍綠衝突對評論員有什麼好處，我們才是首當其衝的受害者啊。

在大話新聞這幾年，我看了很多，學的更多。學會人世間的險惡，初嚐成名的滋味，也領悟到從雲端跌下之後人情的冷暖，這些點點滴滴對我未來的人生，都將成爲難以磨滅的永恆記憶。大話新聞雖然結束了，但散播出去的種子正在各地發芽，開枝散葉。希望有朝一日，每個台灣人都可以不受意識形態拘束，看清事物的本質，追求事情的眞相，不再爲表象所迷惑、矇蔽，到那個時候，人人都可以是大話。

南台灣踏查手記

原著｜ Charles W. LeGendre（李仙得）

英編｜ Robert Eskildsen 教授

漢譯｜ 黃怡

校註｜ 陳秋坤教授

2012.11 前衛出版 272 頁 定價 300 元

從未有人像李仙得那樣，如此深刻直接地介入 1860、70 年代南台灣
原住民、閩客移民、清朝官方與外國勢力間的互動過程。

透過這本精彩的踏查手記，您將了解李氏為何被評價為「西方涉台
事務史上，最多采多姿、最具爭議性的人物」！

節譯自 *Foreign Adventurers and the Aborigines of Southern Taiwan, 1867-1874*
Edited and with an introduction by Robert Eskildsen

台灣經典寶庫 6

C. E. S. 荷文原著
甘為霖牧師 英譯
林野文 漢譯
許雪姬教授 導讀

2011.12 前衛出版 272頁 定價300元

被遺誤的台灣

Neglected Formosa

荷鄭台江決戰始末記

1661-62年，
揆一率領1千餘名荷蘭守軍，
苦守熱蘭遮城9個月，
頑抗2萬5千名國姓爺襲台大軍的激戰實況

荷文原著 C. E. S. 《't Verwaerloosde Formosa》(Amsterdam, 1675)
英譯William Campbell "Chinese Conquest of Formosa" in 《Formosa Under
the Dutch》(London, 1903)

國家圖書館出版品預行編目資料

我的大話人生：「大話新聞」停播始末 & 我所認
識的鄭弘儀 / 鍾年晃著.
-- 初版 . -- 臺北市：前衛，2012.11
192 面；15×21 公分
ISBN 978-957-801-699-6（平裝）

1. 鄭弘儀 2. 談話性節目 3. 媒體生態

557.776   101021612

我的大話人生

作　　者　鍾年晃

責任編輯　周俊男

美術編輯　楊荏因

出 版 者　台灣本鋪：前衛出版社

　　　　　10468 台北市中山區農安街 153 號 4F 之 3

　　　　　Tel：02-2586-5708　Fax：02-2586-3758

　　　　　郵撥帳號：05625551

　　　　　e-mail：a4791@ms15.hinet.net

　　　　　http://www.avanguard.com.tw

　　　　　日本本鋪：黃文雄事務所

　　　　　e-mail：humiozimu@hotmail.com

　　　　　〒 160-0008 日本東京都新宿區三榮町 9 番地

　　　　　Tel：03-3356-4717　Fax：03-3355-4186

出版總監　林文欽　　黃文雄

法律顧問　南國春秋法律事務所林峰正律師

總 經 銷　紅螞蟻圖書有限公司

　　　　　台北市內湖舊宗路二段 121 巷 28、32 號 4 樓

　　　　　Tel：02-27953656　Fax：02-27954100

出版日期　2012 年 11 月初版一刷

　　　　　2012 年 11 月初版三刷

定　　價　新台幣 200 元

©Avanguard Publishing House 2012
Printed in Taiwan　　ISBN 978-957-801-699-6

*「前衛本土網」http://www.avanguard.com.tw

* 加入前衛 facebook 粉絲團，搜尋關鍵字「前衛出版社」，按下 "讚" 即完成。

更多書籍、活動資訊請上網輸入關鍵字 "前衛出版" 或 "草根出版"。